满庭芳菲燕归来

姑苏老宅重现实录

The Record of the Reappearance of Gusu Old Houses

苏州市住房和城乡建设局　编

文匯出版社

编委会

一曲新词酒一杯，去年天气旧亭台。
夕阳西下几时回？
无可奈何花落去，似曾相识燕归来。
小园香径独徘徊。

013
002
017
015
桃花坞大街
020
西中市
东中市
021
010
景德路
慕家花园
009
009
学士街
施林巷
养育巷
王天井巷
006
005
干将路
008
012
007
西美巷
东美巷
014
三香路
道前街
学士街
吉庆街
司前街
新市路
盘门路

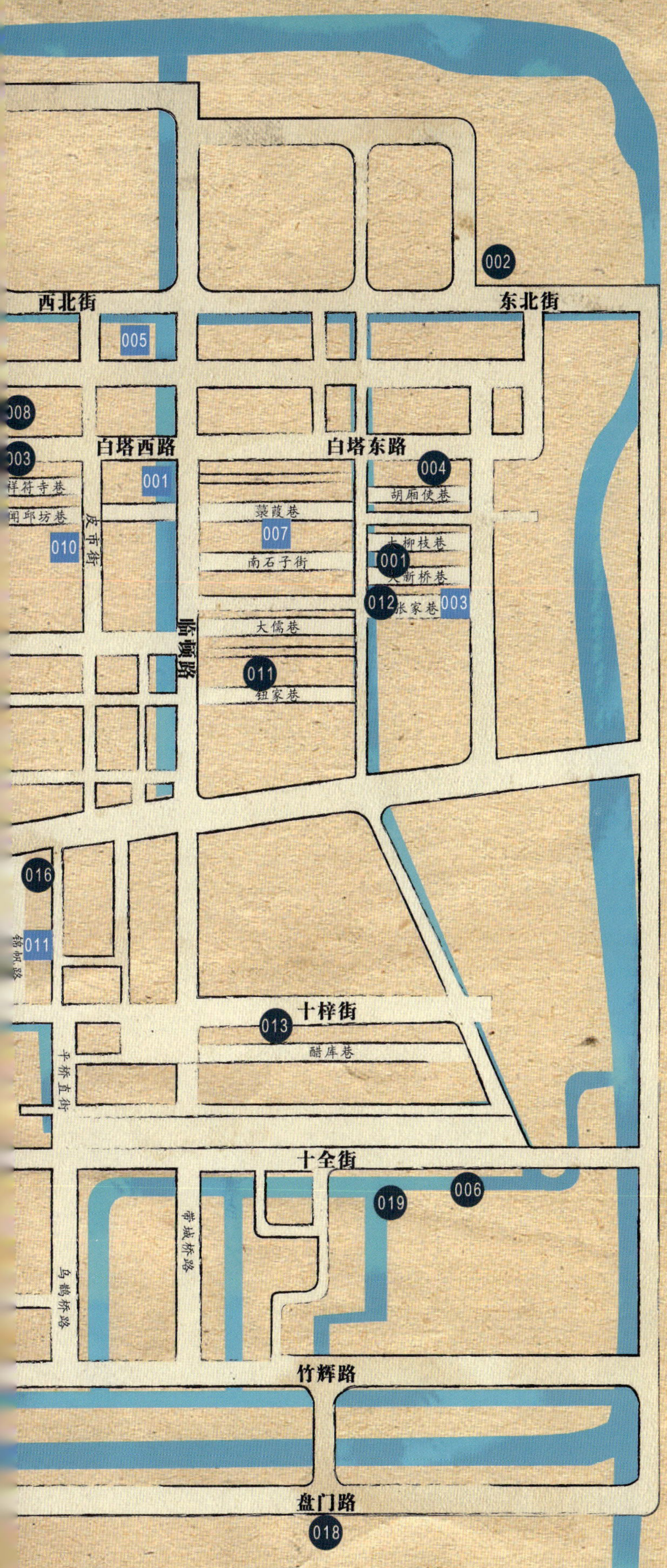

文物保护单位

- 001 卫道观前潘宅
- 002 许乃钊旧居
- 003 轩辕宫
- 004 蒋氏义庄
- 005 嘉寿堂陆宅
- 006 李根源故居
- 007 洪钧祖宅
- 008 墨园
- 009 萧庐
- 010 春晖堂杨宅
- 011 潘世恩故居
- 012 中张家巷沈宅
- 013 柴园
- 014 况公祠
- 015 铁瓶巷任宅
- 016 同益里、同德里
- 017 志仁里（民国建筑）
- 018 日本领事馆旧址
- 019 蒋纬国故居
- 020 外五泾弄近代住宅
- 021 蔼庆堂

控制保护建筑

- 001 潘遵祁故居
- 002 顾家花园
- 003 沈惺叔故居
- 004 吴廷琛故居
- 005 蒋侯庙
- 006 庞氏居思义庄
- 007 潘祖荫故居
- 008 吴宅
- 009 张宅
- 010 程宅
- 011 马宅
- 012 曹沧洲祠
- 013 天河药铺
- 014 市立医院本部民国建筑
- 015 费仲琛故居

上篇

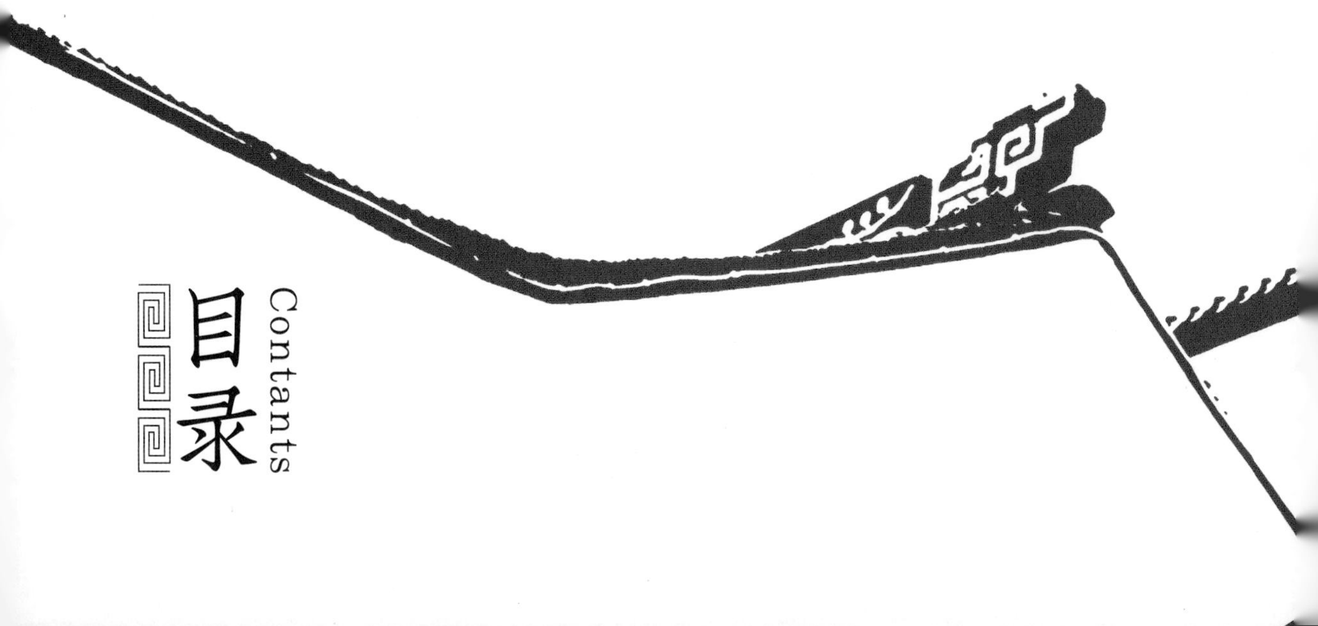

目录 Contants

下篇

目录 Contants

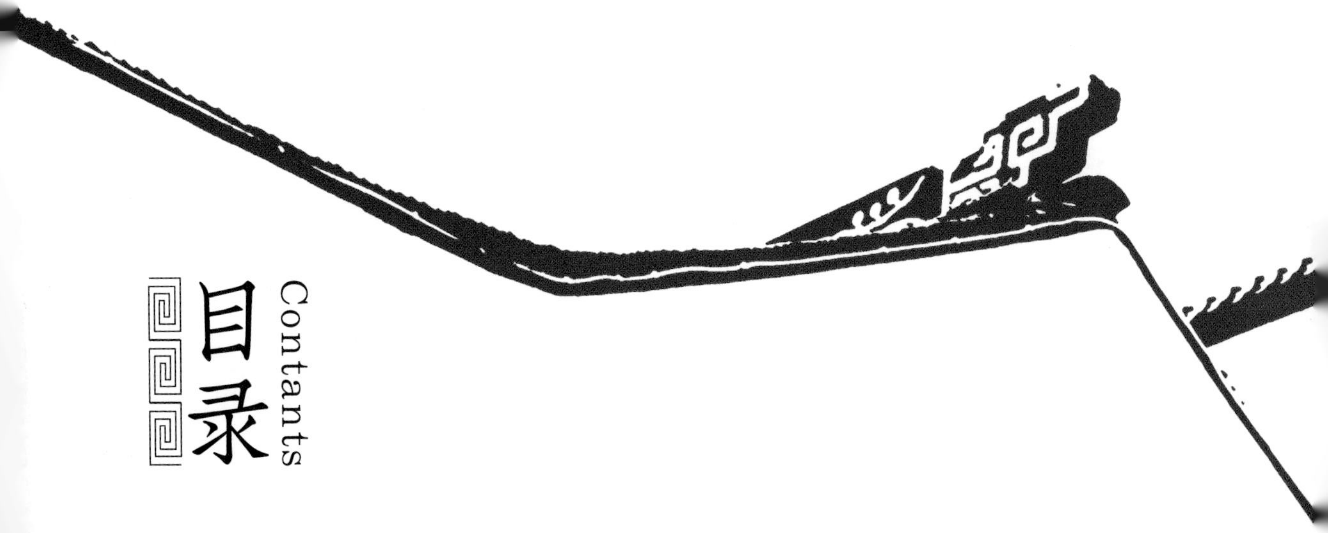

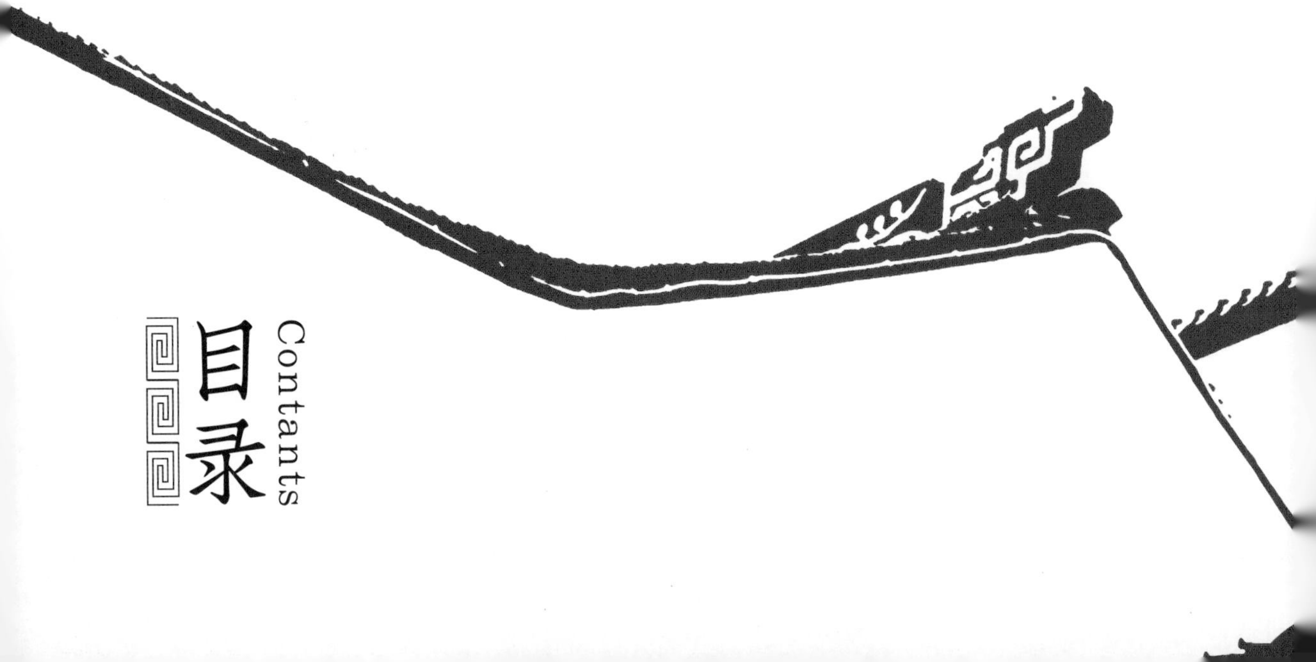

目录 Contants

序

范小青

苏州是一座内涵丰富、多姿多彩的城市，它是园林的苏州，它是山水的苏州，它是名人荟萃的苏州，它是诗文氤氲的苏州，它是艺术集萃的苏州，它是美食的苏州，它是烟火的苏州……苏州文化，既是最高雅的，又是最接地气的。时时处处，苏州文化都在启示你，给你灵感。真是遍地珠玑，俯拾皆是。

如果说园林是苏州的掌上明珠，古塔寺庙是苏州的镇地之宝，那么老宅又是什么呢？

散落在每一条小巷每一条老街的经经络络中的这些故居老宅，千百年，它们被道德文章熏陶，被名人的气质浸透了，知识的养料，也在这里渗足了。与此同时的千百年，老宅又将它们吸纳的这些气息经久不衰地散发开来，弥漫开来，让它们布满在苏州的土壤和空气中。这样地生生不息，老宅故居，便成为处处燎原的发源地了，在史册的每一页，我们都能看见有浓浓的文化烟火从这里升腾起来，在过往的每一天，我们都能感觉故人的精神气在这里行走。苏州的老宅，为苏州人提供了独特优越的读书和成长的氛围，潜心苦读和专心创造，苏州人永远不会迷失自己的精神家园，从这里成长起来的许多苏州人，带着故人故乡的精神气，走出苏州，让苏州老宅中的文化气息播洒得更远更远，让苏州的文化精神感染和影响更多的人。

我们赞叹着苏州名人故居，不妨再走一走苏州的小街小巷，看一看苏州普通平民百姓生活的宅子，那里，也同样有着苏宅的特色。那许多沿河小筑，一个平房，沿河面街，开门就是小巷生活，后门后窗是小桥流水，生动地舒展着苏州民间世俗图卷。和现在的高楼雷同刻板的住房不一样，那是生动的、新鲜的，是自然清新接地气有人气的，那是民间文化的植根和滋生之处。

如果说苏州园林是始终存于我们心头的珍藏，那么这些老宅故居，便是时时刻刻贴在我们身边的朋友和亲人。珍藏固然是无比珍贵的，但它毕竟有些遥远，朋友和亲人，是让我们更无法释怀、更心心念念牵挂着的一种关系啊。

苏州老宅，内涵博大精深，它们的一片砖一片瓦，它们的一扇门一扇窗，它们的一副联一口井，都够让我们品咂和享用大半的人生了。让我们且沿着这扇已经打开的门，走进去吧，或多或少，我们一定会看到些什么的。

上篇

龙池九曲远相通，杨柳丝牵两岸风。
长似江南好风景，画船来去碧波中。

綜述
Overview

推窗见景

钟灵毓秀的苏州，自古便是鱼米之乡、富饶之地、人间天堂。作为首批国家历史文化名城，苏州拥有2500多年的悠久历史，人文底蕴深厚，至今保存着河道纵横、河街相邻的双棋盘格局。宋明以来，不少达官显贵、绅衿富商、名人雅士移居苏州，在苏州建园筑宅，而本地也有许多得中科举的、衣锦还乡的和文人墨客，大兴土木，营造巨宅府第、私家园林。遍布于苏州古城大街小巷的民居宅院，也大多粉墙黛瓦，回廊花窗弄堂，一进连着一进。可以说，江南小院，数苏州最风雅。

江南格局

由于古城独特的地域特色、繁荣的社会经济、温润的自然气候和优越的地理环境，苏州的民居老宅无论是平面布局、房屋造型，还是砖雕、木雕、花窗等建筑构件装饰，都具有古朴素雅、清幽精致、轻巧简洁又自然实用的艺术风格，同时也深受儒家伦理道德观念的影响，积淀了丰厚的历史文化底蕴，儒家的中庸之道、尊卑有序、内外有别的思想观念蕴含其中，砖雕木刻的各类造型也寄托了宅院主人对吉祥兴旺、平安人生的期盼和理想。所以说苏州的民居老宅是古城不可或缺的重要组成部分，也是吴地人民智慧生活的结晶。

然而，随着时间的推移，留存下来的这些老宅已经失去了往日的光辉。粉墙斑驳，屋檐沧桑，窗棂陈旧……对这些有形的古建筑以及蕴藏其中的历史文化信息进行保护、传承、发展，是我们这个时代必须面对的重要课题。

苏州现存的老宅中，有很多是具有一定保护价值的古建筑，而相当一部分属于苏州市住房和城乡建设局的直管公房。据统计，其中有65处属于文物保护单位，169处属于苏州市控保建筑。自2004年以来，苏州市公房管理部门通过多种形式，逐步组织修复这些老宅，不仅让它们恢复原有风貌，还改善了内部各项设施，以期实现活态化的保护利用。

“不求所有，但求所在”，从2004年起，苏州市公房管理部门根据市政府相关文件精神，吸引各方社会力量出资出力，参与老宅的保护。凡是由社会力量出资的，不管是国有企业，还是社会有识人士，都是先按照拆迁（或征收搬迁）政策动迁安置老宅内的承租居民，再对老宅进行恢复性修复，然后将产权办理到出资的社会力量名下。依靠社会力量修复保护和利用的老宅共有31处，总建筑面积达4.4万平方米。

自2010年以来，苏州市住房和城乡建设局还利用自身的资产管理优势，先后修复保护和利用了2万余平方米古建筑，在有效保护古建筑、更好地传承苏式建筑历史风貌的同时，也充分发挥了老宅的使用价值和社会价值。

花窗回廊

拥翠

为传承、弘扬苏州老宅的历史文化及建筑艺术，同时也为了保护、修复、发展积累经验，苏州市住房和城乡建设局策划、编写了《满庭芳菲燕归来——姑苏老宅重现实录》一书。上篇从人文故事、建筑特点、风物特色、修复利用等角度，将姑苏老宅的前世今生如数家珍，体现了历史文化延续之志。下篇从已修复的老宅中有代表性地选择了36处，其中既有全面负责动员搬迁、保护修复及利用工作的，也有在进行了前期搬迁及部分修复工作后交由其他相关部门进行保护利用的；既有明清时期最具代表性的深宅大院，也有民国时期颇具“网红”特色的里弄旧居；既有凭借公房管理部门的自身力量，发挥公房管理的优势，落实安置房源，自筹维修资金，修复、保护和利用的，也有借助民营资本、个人等社会力量参与保护、修复和利用的……从各个侧面记录了老宅保护、修复、利用、传承的过程。

如今，苏州城里承载了众多文化记忆的古老宅第，终于逐渐迎来了新生，恢复了原有的风貌。春再来时，必将“满庭芳菲”，让我们期待“似曾相识燕归来”。

一池闲云

树影斑驳

小院闲窗春已深。重帘未卷影沉沉。
倚楼无语理瑶琴。
远岫出山催薄暮，细风吹雨弄轻阴。
梨花欲谢恐难禁。

大戶人家

Wealthy and Influential Family

每个人心里都有一个苏州，苏州已成为江南水乡和小桥流水的文化符号，也是一处安放梦想的精神乡土。苏州古城里的老宅是苏州人共同的童年记忆，而随着时间的流逝，那些曾经的美好空间，已然渐渐消失在老宅的古旧里。斑驳的墙面，沧桑的屋檐，老宅在时光流转中，沉淀了岁月的精华，却带走了年轻的容颜。

枕河人家

现在，人们感受着新生事物的浓烈，却渐渐遗忘了这些巷子深处的老宅。苏州市住房和城乡建设局作为这些年苏州城市进程的见证者与参与者，以及老宅保护修复等一系列事件的亲历者，用自己的方式记录下了古城老宅里那些深含历史底蕴、不可或缺的美好记忆。

临水而居

苏州老宅的前世

苏州老宅，既是粉墙黛瓦小桥流水，也是砖木立贴构架营造，又是高墙围合院落组合，也是小街两侧幽巷深处，或者庭院深深深几许。而水，是老宅的根本所在，或临水而筑，或近水楼台。“小桥流水人家”，所谓人家，就是苏州老宅。“君到姑苏见，人家尽枕河”说的也是这个意思。沿河而居，也给百姓的生活和交通带来了极大的便利。

因水成市

因水而安

苏州地处太湖流域，地理位置得天独厚；又有京杭大运河纵横南北，河湖交织，江海连通，水网密布，自当风物茂盛，人文荟萃。公元前514年，吴王阖闾命重臣伍子胥“相土尝水，象天法地”选址筑城。伍子胥以水入手，依水构划了街河平行、纵横贯通的城市格局，建筑群落因着水系错落有致，收放有度，步移景迁。

古意小桥

此后，历朝历代的人们在此因地制宜地建起了类型各异的民居宅园，逐步形成了临水而筑、临巷而建的民居群落，构成了江南典型的“因水成街”“因水成市”“人家枕河”的城市景观面貌。千百年来，陆陆续续形成了幽深整洁的小街小巷、古朴典雅的小桥小河、粉墙黛瓦的民居宅院、飞檐翘角的门楼屋宇。恬静宁和的传统生活居住环境，使这座城市市井的生活方式、节奏、场景、内容等长久不衰绵延至今。

苏州古民居，和水有着不解之缘。有的河街平行，宅在街边，小巷幽幽迂回曲折，河水潺潺傍街流淌，沿河垂柳依依；有的为一条小河居中，两岸屋宇绵延，间或还有船埠、水栈；有的则是几落几进，并以高墙围之的深宅大院，还辟有备弄、天井、砖雕门楼等；当然，还有富丽堂皇的巨府宅第、私家园林，花园中亭台楼阁、水池假山、花草树木交相辉映，可尽享城市山水之趣。

方形水池

曲池形水池

虽然有的宅院并未紧靠水巷，但会在院墙之内，宅边隙地，花园中间，厅前、亭边、廊边，取土挖塘，巧妙地设计形态各异的水池，如桃花坞大街费宅庭院中的曲池形水池，王洗马巷任道镕旧居内规则的方形水池。除了水巷、庭院水池，苏州还有许多水井，井口设有围栏，也就是井圈，各种形态的井圈及其上镌刻着的吉祥语，给水井平添了几分文化气息。

古井

礼耕堂“秉经酌雅”门楼

麟阁芸香——潘世恩故居

“上有天堂，下有苏杭”，是过去漫长历史岁月中人们对苏州的赞誉。一方面是自然的水土肥美和气候适宜的种养丰获，另一方面当然还是经济发展和社会和谐。

宋代苏轼在《灵碧张氏园亭记》中说“华堂夏屋有吴蜀之巧”，足以证明当时苏州建筑技术的成就；元代江浙两省仍较为富庶，因此依然有一定财力营建规模较大的住宅；明朝中叶，苏州城市经济日渐繁荣，很多退隐高官、文人名士纷纷到此置田购宅，经商养老。

还有因为羡慕苏州的繁华而从他处移居苏州的，主要来自浙北和皖南，比如明代以后从徽州府迁移过来的潘、程、汪、曹几个大姓。徽州人好像特别喜欢宅第置业，苏州现在留下的旧宅大院大部分原来都是这几家姓，比如潘祖荫故居、潘世恩故居、卫道观前潘宅“礼耕堂”。

亭前踏落花

绣绮亭

当然，苏州古建筑多还有个原因也相当重要。南宋绍兴年间《营造法式》重刊于平江后，对当时建筑的发展起到了一定的影响。明代之后，又经历了苏州香山匠人参加营造南京和北京宫殿的两次实践。香山匠人群体，俗称“香山帮”，建筑营造水平技艺极高。另外，计成的《园冶》、文震亨的《长物志》、李渔的《一家言》、李斗的《工程营造录》及清末姚成祖的《营造法原》等一系列的理论研究指导，都直接或间接地在建筑营造方面起到了推进作用。当然还有繁荣的手工业和深厚的吴文化的浸染，都影响到苏州住宅建设的规模发展。

因此苏州虽然历经时代变迁，还是保存了非常多的古代建筑和园林建筑，依然可以骄傲地称之为“百园之城”。

大宅门里的故事

苏州古民居面广量也大，在漫长的历史发展中，客观记载了各个时期的人文环境、社会经济、时代精神等重要信息，展现出极强的多样性特征，无论是建筑形式还是风格特征，都体现了江南水乡浓厚的地域风貌。

不同身份的宅主，比如状元、文人、官宦、商贾等，他们不同的生活习性、审美情趣，为其所营造的宅第民居带来了风姿各异的人文品味。

苏州人文底蕴丰富，“学而优则仕”的思想根深蒂固，影

洪钧祖宅大门

响深远，因此苏州状元多，高官也多。由于苏州经济富庶、社会安定，同时又有高超的建筑技艺，因此历代状元、进士、官宦纷纷在苏州购置地产、大兴土木，所以苏州的状元府和官宦建筑也多。

苏州市区现存的状元府有10座，包括申时行故宅，文震孟故居，彭定求、彭启丰祖孙故居，石韫玉故居，潘世恩故居，吴廷琛故居，吴钟骏故居，洪钧祖宅，洪钧故居，陆肯堂、陆润庠故宅。其中，近几年由苏州市公房管理部门参与保护修复的有洪钧祖宅、潘世恩故居和吴廷琛故居。

修复后的内景

潘世恩故居（一）

潘世恩故居(二)

清代一朝，苏州出了26名状元，但做过外交官的状元只有洪钧一人。同治七年（1868），洪钧在“而立之年”于戊辰科殿试以一甲第一名进士状元及第，授翰林院修撰。并于光绪十三年起充任俄国、德国、奥地利、荷兰四国外交大使，成为清代状元中唯一的外交官。担任驻外使臣期间，洪钧还利用外文资料撰成《元史译文证补》30卷，对元宪宗以前历史的证补较为详实，开了中国史学界利用外国资料研究元史的先例。洪钧祖籍安徽歙县，先世经商，后其曾祖父“由歙入吴”。洪钧祖宅记载了洪氏家族及洪钧入仕前在苏州的生活起居和活动轨迹，也成为这个历史时期清代建筑风貌的展示者。

在清末和民国初期，苏州城里有“彭、宋、潘、韩”四大望族，其中潘家就是指以状元潘世恩为代表的（贵潘）潘氏宗族与以富商潘麟兆为代表的（富潘）潘氏宗族。他们在苏城购置了众多房产，并造园筑屋，留下了一批有历史文化价值的老宅。

最为显赫的是贵潘家族，自乾隆年间开始，这个家族以一状元、两探花、八进士、三十六举人的成就成为清代姑苏官绅的典型代表，有“天下无第二家”之美誉。“贵潘”家族子孙众多，在苏城建有众多宅第，至今还留下十余处老宅，其中“贵潘”家族代表人物潘世恩的故居经过保护性修复后已转身成为苏州市状元博物馆。潘世恩大伯父潘奕隽，乾隆进士，故

满园春色——潘祖荫故居

居在马医科38号，称“躬厚堂”。潘世恩二伯父潘奕藻，乾隆进士，故居在蒋庙前2—10号，称“存诚堂”，又名潘太史府第，是保留厅堂较多的老宅。潘世恩第四子潘曾玮故居，在西百花巷4号，称“养闲草堂”。潘世恩的孙子潘祖荫探花出身，为晚清重臣，其故居在南石子街6—10号，为仿祖父潘世恩在京城御赐圆明园宅第格式而建，“海内三宝”之二的西周青铜器大盂鼎、大克鼎，当年就埋藏在这所宅子里，躲过了侵华日军七次搜查，得以完整保存。

悠庭闲户——潘祖荫故居

园亭池榭——费宅

庭空鸟语——费宅

幽居

状元府和官宦宅第是苏州老宅的一个缩影，积淀了深厚的人文精神。有的老宅建筑由数个、数十个院落组合而成，重门叠户、深不可测，如桃花坞大街176号的费仲琛故居、东北街144号的许乃钊旧居、王洗马巷7号的任道镕旧居、白塔西路13—15号的潘遵祁故居等等。

费仲琛原为袁世凯政事堂肃政史，因直言劝谏袁称帝，袁未采纳，遂隐退南归回到苏州买下费宅。他至苏后致力于维持地方秩序、维护民族工业和赈灾救难等地方公益事业，堪称劳绩处处，贡献良多。费仲琛故居是苏州传统建筑文化的代表之一，从一个侧面可以反映出费仲琛所处时代的社会文化和审美风貌的特征。

砖瓦之间——许乃钊旧居

许乃钊塑像

许乃钊出身于浙江钱塘名门望族，其故居最早应建于明代，后由许氏家族购入后扩建，为四落五进格局。在1995年版的《苏州市志》中，这处老宅归类为比小型园林更小一些的庭院，并称“传为清尚书、巡抚许宅，80年代调查时庭院已毁”。许乃钊旧居全宅布局严谨，东西两路院落此起彼伏，气韵相连，具有相当的保护价值。

绿池翻素景——任道镕旧居

任道镕曾于道光二十五年（1845），与“道光神童”刘和、翁同龢一同赴京参加拔贡并得名，官至山东巡抚、浙江巡抚。文学才华出众，书法造诣精深，绘画擅长梅花，堪与清末湘军雪帅、兵部尚书彭玉麟媲美，著有《寄鸥馆日记》《寄鸥馆梅花百咏》《寄鸥游草》等。任道镕旧居为典型的园林宅第，布

徽风清幽——任道镕旧居

局精致，故为刘敦桢、陈从周等著名学者所推崇，并屡次被载入园林、古建等相关著作。

潘遵祁为潘世恩的侄子、潘奕隽的孙子，道光进士。其故居又称“西圃”，院落清晰，格局分明，建筑构件保存较完整，展示了吴地“香山帮古建筑”文化的精湛技艺，具有较高的建筑价值。

轩辕宫

苏州自古宗教兴盛，明清以来寺庙道观鳞次栉比，形成了独特的宗教文化氛围，也留下了不少宗教建筑，如轩辕宫、蒋侯庙等。此外，还有会馆祠堂、官署建筑、金融业建筑、文化教育类建筑、商业服务型建筑、行政建筑等，所反映的建筑艺术和历史文化均有其独特的时代特色。

为章于天

作为苏州历史变迁最为真实的见证之一，民国建筑也是苏州发展不可或缺的一页。20 世纪二三十年代，随着外来文化的传入，苏州新兴的建筑，无论是形制和样式都发生了很大的变化，但同时苏州独特的历史文化影响仍存，所以还出现了一些带有古典园

志仁里

林风貌的近代住宅建筑，比如位于景德路儿童医院内的荫庐就是一处融西式建筑和中式园林为一体的花园别墅。还有一批海派石库门里弄建筑，如同益里、同德里、承德里、志仁里等，逐渐改变了苏州人的生活方式。

遂园

荫庐

赏心乐事谁家院

苏州老宅的今生

作为古城苏州的重要组成部分，苏州老宅是前人留给我们的宝贵财富。尽管随着岁月的流逝，有些老宅已经有些“蓬头垢面”，疏于“梳妆打扮”，但它们仍是古城风貌的载体和灵魂。

1981 年，国务院公布苏州与北京、杭州、桂林等城市为全国重点历史文化名城。1982 年初，市委、市政府根据中央对苏州古城“要采取有效措施予以保护”的批示，决定在苏州市区开展文物、园林、古建普查。于是，苏州市公房管理部门及其他相关部门按街巷逐户进门进行了调查。1983 年公布的调查结果显示，苏州尚存各类古建筑面积约为 312 万平方米，两宋以来历朝都有，尤其以明末至清代为最多。这次普查除部分古建筑被列为文物保护单位外，有 252 处古建筑被列为控保建筑。这些老房子大都住着“七十二家房客”，但基本风貌、基本格局还保存着。

别院婉转——怡园

暗香浮动

1988年初，市政府作出对古建筑择点进行“传统的外貌，现代化的设施”试点修复改善决定，自此拉开了全面保护古建筑风貌、改善老宅内生活设施的序幕。苏州市公房管理部门也高度重视其直管公房内的各类古建筑，采取了多种形式进行保护修复。古民居的保护修复，以解除危险、修旧如旧、保持建筑原有特色风貌为原则，在此基础上，改善民居内部设施以适应现代生活需求。

漫步老街

进入 21 世纪后，政府高度重视古建筑的保护，出台了《苏州市古建筑保护条例》，这是全国首部地方性古建筑保护法规，通过法律层面的保护，完善了古建筑保护机制。

2004 年，市政府办公室发布《关于转发苏州市市区依靠社会力量抢修保护直管公房古民居实施意见的通知》，苏州市公房管理部门根据其精神，遵循“不求所有，但求所在”的原则，吸引社会有识人士出资出力，参与古民居的保护。凡是由社会力量出资的，先按照拆迁政策动迁安置古建筑内的承租居民，再对古建筑进行恢复性修复，然后将产权转让到出资的社会力量名下。

由于历史原因，直管公房中的老宅内仍居住着大量承租户，这些建筑中人口居住密度较高、使用性破坏现象也比较普遍，在尚不具备统一保护利用条件的情况下，苏州市住房和城乡建设局加大了对老宅结构安全和租户使用安全检查的力度，每年都要安排对文物和控保建筑开展专项安全检查。发现一处结构安全隐患就及时抢修一处，发现用电、用气的安全问题则一一书面责令整改。每年都投入大量修复资金对有安全隐患的老宅进行修复解危，对建筑内的文物加以保护维修。

小巷古桥

草木生息——绣园

同时，根据苏州市委、市政府关于加快实施古建老宅保护修复工程，更好地维护历史文化名城风貌、传承优秀历史文化遗产的精神，苏州市住房和城乡建设局还积极做好古建筑保护利用政策的起草制定工作。在调研基础上，2012 年，由苏州市住房和城乡建设局起草、市政府印发的《苏州市区古建老宅保护修复工程实施意见》，提出了加大对古建老宅保护修复工程支持力度的一系列优惠政策；《关于市属国企实施古建老宅保护修复工程的补充意见》，为推进相关单位实施的古建老宅保护修复提供有力的政策支持。2020 年，由苏州市住房和城乡建设局起草、市政府印发了《苏州市传统建筑和古建筑保护更新与修缮利用工程实施意见》。

苏州市住房和城乡建设局还积极参与了规划部门《苏州市老宅子保护利用规划》的制定工

气质无华——任道镕旧居

柴园是小巷深处的一处中国古典园林建筑，最初是清道光年间姑苏绅士潘曾琦建的宅园。光绪年间，曾任两淮盐运使的柴安圃购得此宅，又重修扩建，人称“柴园”。

作，从利用业态控制、修复价值提升、周边环境美化、保障体系建立等方面提出规划建议，努力保证有序、有效、惠民、科学地推进老宅子修复保护和利用工程。

为了使修复的古建老宅充分发挥保护利用效益，2014 年苏州市政府又印发了《苏州市中心城区古建老宅保护利用市场化运作指导意见》，明确了实施主体可以自营、出租、转让等方式处置已修复古建老宅的使用权或所有权等政策。这些政策的先后出台，有力推进了相关单位一批古建老宅保护项目的实施，也为更好地传承苏州的历史文化做出了贡献。

况公祠

当然，在老宅安全管理工作中，也碰到一些棘手的难题，一是承租居民不配合，老宅的解危修复工作推进难度很大；二是公私混合产权的危旧老宅，由于权属、经济等复杂因素，解危修复工程实施很困难；三是室内公用部位乱搭乱建现象时有发生，给老宅的保护使用带来很大的破坏性，但无论是法律上还是实际管理中，处置解决收效并不明显。未来，苏州市住房和城乡建设局会在履行好直管公房使用安全管理责任的同时，全力推进这些问题的解决，保证老宅的房屋结构安全和租户住用安全，更好地为传承苏州的历史文化作出贡献。

双眸催足下苏州，如画风光久欲游。
黛瓦粉墙吴语软，小桥流水柳烟幽。

粉墙黛瓦
White Walls and Black Tile

在水一方——耦园

苏州古城经过数千年，尤其是明清以来绵延不断的积淀，遗留下一笔丰厚的有形财富——古建筑，而古民居是苏州古建筑中数量最多的建筑形式，它们可以说是中国古民居的一个典型缩影，在世界民居发展史上占有重要的地位，是东方古民居的重要组成部分。

现存的许多苏州古民居，结构完整、保存完好，从一个侧面反映了中国政治、经济和文化的发展进程，也是研究和了解中国历史、传统文化以及对世界文化影响作用的重要实物资料。这既是苏州作为历史文化名城的主要元素之一，也是苏州独特的古城风貌最为显著的体现。

桃坞

苏式民居，浓浓水墨意

苏州古城就是一幅“清丽、淡雅、温润、平和”的画轴，“水墨江南”的特色就是吴冠中先生笔下的轻巧淡雅、粉墙黛瓦、坡面屋顶。

《苏州市历史文化名城名镇保护办法》规定：“古城保护范围内的建筑形式、体量、高度和色彩，保持苏州建筑固有的体量适中和适度、造型轻巧、色彩淡雅、清幽整洁、粉墙黛瓦的特色，体现苏州古城的传统风貌。”

作为苏州古建筑中数量最多的建筑形式，苏州老宅缘水而筑、与水相依，置园造林、引山入水，古朴文气、色彩文雅，处处体现出清、淡、素、雅的审美趣味和艺术特色。

苏州人向往山水自然，因此居家也不忘“林泉之致”，在有限的宅地内，创造出优美、宁静的庭院空间。苏州典型的明清宅第一般都是宅园合一。清代文学家沈复在《浮生六记》中写道：“若夫园亭楼阁，套室回廊，叠石成山，栽花取势，又在小中见大，大中见小，虚中有实，实中有虚，或藏或露，或深或浅，不仅在周回曲折四字，又不在地广石多，徒烦工费。”苏州老宅正是在不大的天地里，以委婉曲折的手段巧妙安排山水、亭台、楼阁，营造出小巧玲珑、质朴清幽的私家庭院。

小飞虹

质朴清幽

庭院深深

受福宜年

光影之间

“庭院深深深几许？杨柳堆烟，帘幕无重数。”这些深宅大院往往都是由数个或数十个院落组合而成的，而每个院落则由一进房屋、一个天井组成。这些院落一般按轴线规整排列，在全宅中轴线上排列的一组院落为正落，依次建有门厅、轿厅、大厅和内厅（一般为二层楼厅）；正落两侧的院落为“边落”，一般设花厅、书房、次要住房和杂屋等。规模大的老宅有六七落之多，正落和边落之间设有备弄，以方便交通和分隔空间。正落一般由父辈居住，子辈则居住在边落，这也是受封建儒家思想的伦理纲常所影响。

轿厅

由房屋和天井组成的一“进”，是苏州老宅最基本的单元。入大门为门厅，即为第一进，一般深宅大院的门厅与普通民居并无太大区别，庄重质朴。第二进为轿厅，顾名思义是主人和宾客在此停轿、下轿的地方，也是供轿夫喝茶休息的处所。经轿厅，穿过一个砖雕门楼，便可进入大厅前的天井，天井宽阔明亮，一般植有金桂、玉兰等，取“金玉满堂”的寓意。

大厅

宏达宽敞

第三进为大厅，檐廊有轩、栏，左右有边门连通备弄，门额上一般刻着“左达”“右通”的题款。大厅是整个宅子中最重要的建筑，主要用来举行重要礼仪活动和接待贵宾。

“堂之制，宜宏敞精丽”（文震亨《长物志》），正落大厅宏达宽敞、精美华丽，一般为院落中规格最高的建筑。三开间或五开间，进深九界，厅堂的梁柱挺拔粗壮，以青石鼓形石为柱础。梁架、柱、椽、门搭接处多置斗拱，以木雕装饰。屋顶高脊，屋面平缓，门楣均有砖雕，门前施石踏步。建筑风格沉雄，庄重古朴，突出其宏伟之势。正厅正中间为落地长窗，成组存在，联立成墙，用以分隔限定室内外空间。隔扇有棂格，可采光，也可在关闭时通过棂格为室内通风换气。平时可常开不闭，使得厅井相通，互为因借，在需要时可整扇摘卸，

使厅堂变为敞厅，厅井连成一片，室内外交融，达到极佳的通风效果。

过大厅进入第四进院落便是内厅，内厅大门正面是普通的石库门，背面则是砖雕门楼，门楼上有砖细门额。一般为二层楼厅，面阔五间，底层是接待女宾的客厅，二层是宅主、女眷的居所，有的两侧设置厢房。第五进院落仍为天井和楼厅，是宅主家小姐起居生活之所。楼厅造型普遍精致，既有宜居的实用价值，又具古朴典雅的风范。

有些老宅楼厅间用厢楼连接，组合成一个双层四合院，俗称“走马楼”，是南方民居建筑中一种特有的建筑形式。走马楼常以栏杆、挂落、花篮垂柱作装饰，更显其俊秀华贵。当然，宅院进数多少要看宅主财力和需要而定，大的宅院甚至会达七进。

鸳鸯厅

鸳鸯厅的圆作、扁作梁架

当然，正落从门厅、轿厅、大厅、内厅……也总是变化的，比如前落后落连接的通道，有的通过石库门，有的通过廊或廊屋来连接。单幢建筑形式也不同，有的是五开间面阔的大厅，有的是三开间加两边间，有的是三开间加两边廊，有的是三开间加两抱楼，大厅里唱戏的时候，家里的女眷就在两面的楼上看戏。

边落一般设置花厅，典雅精致、幽远宁静，作为招待贵宾休闲之处。因建筑形态的不同，可分为船厅、花篮厅、鸳鸯厅、纱帽厅、贡式厅、对照厅等。其体量或大或小，造型优美，雕镂精致，适合读书绘画、操琴弈棋、赏景休闲。

船厅，因其屋顶为弧形回顶，形似卷棚状船顶而得名；形态轻巧，空间通透，由侧面出入，一般作为书斋和琴室。花篮厅造型特别优美，两内步柱不落地，柱下端雕刻成花篮形，

贡式厅

轩梁、大梁与花篮雕饰相连通，组成室内空间雕饰画，整个空间充满诗情画意，特别适合作为小型会客之所。鸳鸯厅，就是在进深较大的厅里用隔扇、屏风和飞罩把厅分为前厅（ 冬厅，南向阳光，宜冬日使用）和后厅（ 夏厅，北向背阴，宜夏日使用）；前厅为扁作梁架，后厅为圆作梁架，其方与圆，即鸳与鸯；这两个空间有分有合，表现出不同的性格美，构成一个异态而同处的复合空间……纱帽厅一般厅面阔三间，明间前加抱厦犹如帽顶，东西次间后带两披厢则如帽翅，整个平面宛如一顶“乌纱帽”，“纱帽厅”由此得名；也有大厅大梁的梁垫处施棹木，因棹木形如纱帽，也把这类大厅称为纱帽厅。贡式厅较为少见，它刻意在方形大梁中部挖底，使梁中高边低呈对称的折线形，但因其比较耗料，所以采用的不多。对照厅是前后对称的两厅，体量大小和构架形式基本相同或相似，共享一个院落，适合做书房或画室。

嘉寿堂

大户人家喜欢在家中观剧听戏，他们聘请戏班子到宅子里来唱演，俗称“唱堂会”。有的建造专用戏台，一般为两层，平面呈凸字形，中间向前突出部分为戏台，两侧缩进为厢楼；有的利用现成的厅堂等建筑，男宾在厅的前轩下、轩廊里观赏，女宾在厅两侧厢房内看戏听曲。比如卫道观前潘宅的大厅“礼耕堂”，礼耕堂内唱堂会，当时在苏州是声名远扬的。

苏州文人雅士众多，历来崇文重教，他们喜爱读书藏书，所以老宅里多建有藏书楼（书斋）。他们在藏书楼不但读书藏书，还编纂古籍，刻印精品，传承后世，为我们留下了许许多多的古籍珍品。

古人藏书是一种风雅，是一种生活方式，是一种文化传承，也是一种心灵的升华。读书藏书不但是自己的欢娱，还是他们教育子孙最好的方法。

明清两朝，苏州有名的藏书大家不下数百人，盛名卓著的藏书楼也很多，如铁瓶巷的“过云楼”、潘氏世族的“三松堂”“滂喜斋”“宝山楼”等。读书人家、官宦之家建有藏书楼好理解，而在苏州，一般做生意的人家也建有藏书楼，如官坊徽商陆义庵所建的“嘉寿堂”，在当时也非常有名。

绣线巷张宅大门

苏州老宅的室庐之雅

明代文震亨在《长物志》中写道，即使不能追随古代隐士之踪迹，栖居于山水之间，也必须“门庭雅洁，室庐清靓，亭台具旷士之怀，斋阁有幽人之致”。

苏州老宅讲究“藏”，许多深宅大院都是深藏在曲径小巷内，周围为普通民宅所围，这也是苏州人不喜露富、无意显贵、内敛自谦品格的反映。苏州老宅的大门及门厅最能外在地体现苏式民居的特点，不事张扬，而注重内在蕴含。即便是显贵宅第，大门也是朴素典雅，两侧砌垛头墙都是用磨细清水砖，檐口部分略有雕饰而已。

柳阴路曲

身居闹市，而有林泉之趣

苏州人向往“林泉之胜”，往往会在家中叠山理水，创造出一个可游可赏的私家园林。宅园从功能上说，是住宅的延续和扩大，“堂以宴、亭以憩、阁以眺、廊以吟”，各个建筑单独构成景点，也可以实用。宅园构造以水为中心，周围堆叠假山峰岭，配以花草树木，贯以小桥，亭台楼阁榭环水而立，高低错落，与山水相映。

苏州老宅庭园中堆叠的假山材料，多为太湖石，少量为黄石。太湖石石性坚，外表润，形状各异，姿态万千，具有“漏、透、皱、瘦”的特点。据文震亨《长物志》记载：“太湖石

叠石成山

在水中者为贵，岁久被波涛冲击，皆成空石，面面玲珑。”厅、楼、阁、书房等前方都可叠石成山，而在池水岸边堆叠山石，被称为“园中第一胜也”。计成在《园冶》中有精妙描述：“若大若小，更有妙境，就水点其步石。从巅架飞梁，洞穴潜藏，穿岩径水，峰峦缥缈，漏月招云，莫言世上无仙，斯住世之瀛壶也！”

当然，充满闲情逸致的庭园，少不了树木花草。古人云：“山水以水为血脉，以草为毛发，以烟云为神采。”栽花植木，让整个空间具有古意和诗境，给人以置身山林原野中的身心享受。江南民居，无论大户小户，对植物的配置都十分讲究。清人陈扶瑶在《花镜》中说：“草木之宜寒宜暖，宜高宜下者，天地虽能生之，不能使之各得其所，赖种植位置有方耳。”比如柳和枫杨是园子低平积水之地的骨干树种，

面面玲珑

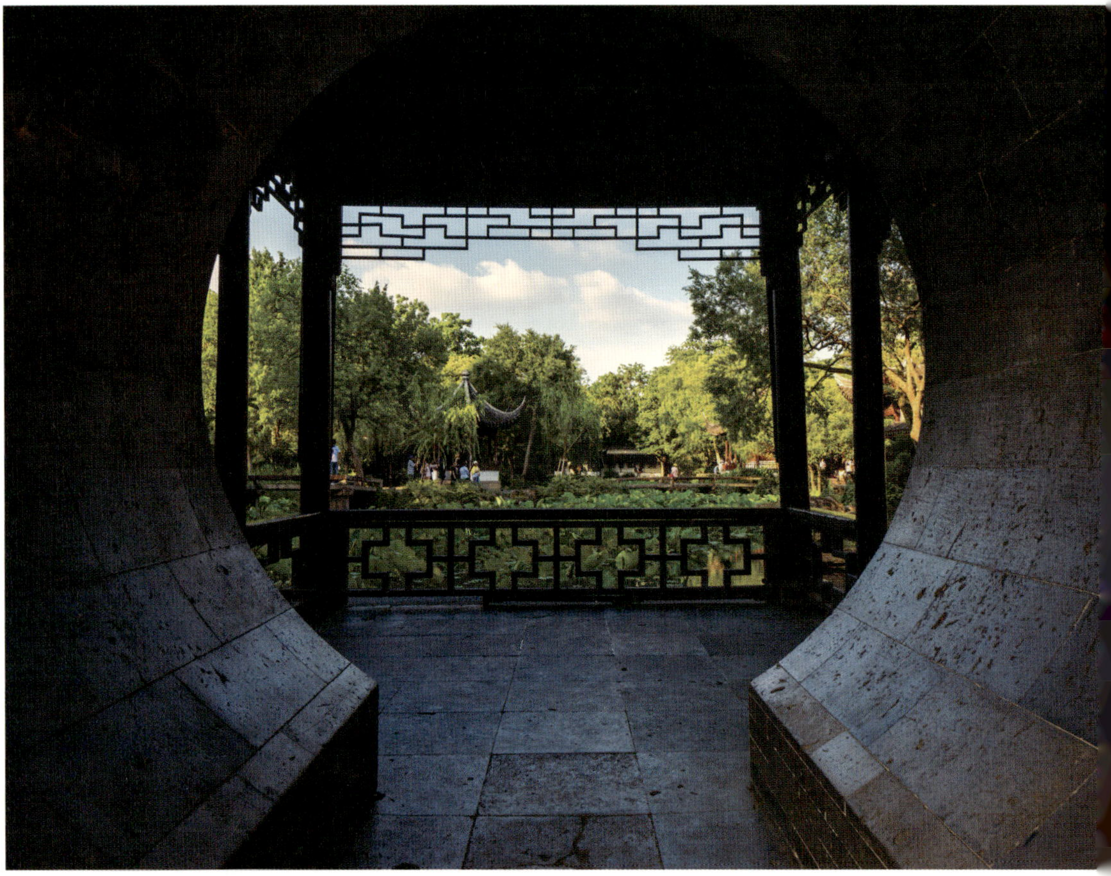

四面荷花三面柳

著名的“荷风四面亭”，对联“四面荷花三面柳”就是典型的适地适树取景。陈从周在《续园论》中说：“牡丹香花向阳斯盛，须植于主厅之南。”开朗旷达之地，早晨受初升之旭日，傍晚又可得到晚霞的光照，宜栽植喜阳之花木。

林木花草和主人追求的精神境界相关联，比如牡丹富贵、芍药荣华、苍松高洁、兰花幽雅、翠竹潇洒、秋菊傲骨等，这些人格化了的植物，寄托着宅主的精神追求和向往。朱熹说：“诗者，人心之感物而形于言之余也。”一般气度恢弘、位置重要的主建筑前，宜用“比德”内涵的植物，以示庄重，比如前厅山上的黑松，配置在地势高爽、光线良好之处，这与黑松喜光耐旱的生长习性是相符的，正如《花镜》中所说："松柏骨苍，宜峭壁奇峰。"幽静雅致的较小空间，宜按"诗词取材"，并用与建筑用途相近的植物种类，从而形成主题性景点，比如，芭蕉叶片硕大，极易招风，空旷的大空间风力较大，故常将芭蕉配置在小庭院里，形成"绿窗分映"的景观；另有，因墙根屋角和小天井中蒸发量小、水湿条件好，更宜芭蕉忌烈日干燥的习性。

古人将园林整体看成一幅"山水画"，植物栽种要符合文人山水画的画理。王维《山水诀》中有"山无独木""古木数株而已""密林、稠林断续防刻板""乔山耸直蟠曲者一株两株"等论述。"尺幅窗，无心画。"如玉兰和牡丹，侧重表现春景；紫薇、荷花，主要供夏天观赏；枫林、桂花、菊花，构成秋景；山茶、天竺、蜡梅，则为冬景。四时景色不同，怡情悦目。

竹影斑驳

精巧细腻的地屏

无雕不成屋，有刻斯为贵

苏州老宅中有着丰富多彩的精美砖雕、木雕和石雕，既装饰了建筑，又增添其文化气息，正所谓“无雕不成屋，有刻斯为贵”，这些雕刻，体现着宅主的价值观、生活情趣和文化修养。

木雕是老宅内最普遍的雕刻，宅内梁、枋、栏杆、门窗、纱槅、飞罩、挂落等木作，都作雕刻处理，做工精致细巧。这些图案往往采用象形、谐音、借喻、比拟等手法，创造出丰富多彩的装饰造型，寄托了人们对于幸福、美好、富庶、吉祥等的向往和追求。

富丽繁华的木雕

华丽的雕花横梁

福履绥之

技艺精湛

砖雕往往施于门楼、墙头、照壁、月洞、门景等处，尤其值得一提的是苏州老宅内众多的砖雕门楼。砖雕门楼是老宅每进院落的大门，隔天井与厅堂相对，门楼木门反面也装贴一层水磨青砖，具有防火防盗的功能。砖雕用料大多是苏州陆慕“御窑”所产细料方砖，颗粒细腻，质地密实。砖雕门楼雕刻内容丰富，雕刻部位众多，雕刻手法精细，如字牌中题字为阳刻，兜肚及下枋中人物花卉为透雕，定盘枋下挂芽为镂雕等，技艺精湛，构思巧妙，气韵生动。

受福宜年

富贵寿考

雕刻图案集中在梁枋和兜肚部位，内容多为各种人物花卉、鸟兽虫鱼、历史典故、神话故事等，既贴近生活风貌，又注重生活情趣。砖雕门楼正中的字牌内题字，往往是由名人所题，有篆书、隶书、楷书等，呈现出吴门书派秀润流丽的风格。题字一般为四字词语，寓意丰富，文辞华美，有圣人古训的，如厚德载福、孝义忠信；有处事准则的，如树德务滋、令德贻芳；有昭示后人的，如慎乃俭德、俭德传家，等等。可以说，砖雕门楼集雕塑、绘画、装饰、文学、书法、艺术于一体，追求以小见大，“以少少许胜多多许”，最能体现苏州的人文特征，古人追求文雅的审美意境也可以从这些砖雕门楼中找到痕迹。

备弄灯光摇曳

蟹眼天井

虚实之间，悠然自得

厅堂背后，高墙脚下，备弄尽头，还有特意留下的一块块小小天井，不过几平方米大，小的仅有一二平方米，俗称“蟹眼天井”。蟹眼天井可通风，可采光，还可排水，在老宅内是不可缺少的，一个深宅大院动辄要布置一二十个小天井。对造宅者来说，这些小天井不是累赘，而是这盘棋上的气眼。小天井内可布石笋，植天竺，置湖石，种芭蕉。一个天井就是一幅立体的图画，就是一首优美的乐曲。

庭院中有古朴雅致的云墙，其墙顶呈波浪状起伏，形似漂浮的云朵。墙上常常开设门宕和窗宕，以及设计成精美花纹的漏窗，因而又称之为“花墙”。云墙上常常有爬山虎等藤本植物攀爬，墙下则以竹石小品点缀，既充满盎然生机，又让人怀幽思之情。

迎风

迎風

一窗一景

闲窗春深

宅园中墙垣辟有门宕而不装门户的，称为地穴，又名门空、洞门，构筑形式千姿百态，其中月洞式门宕极为经典，形似满月，美不胜收。窗宕和门宕异曲同工，形式也丰富多样。漏窗是一种特殊的窗宕，又称为花窗、透花窗、花墙洞。其构图造型无严格规定，可随设计者之意设计成精美花纹。漏窗可通气，也可透光，把沉闷的氛围、神秘的感觉冲淡些。分而不离，隔而不断，门窗宕常常也是取景的画框，且能打破苏州宅院封闭、局促的格局，赋予其通透、空灵的美感，使整个空间具有内外交流的相互渗透性。

隔而不断

通透空灵

方寸之间的铺地

苏州老宅的地面往往是以砖瓦石片铺砌地面，构成不同图案，同时根据环境做出各种变化。比如，厅堂是主人会客之地，院子里铺设的是条石，平坦、明净；女厅前的空地，采用卵石铺成的十字向日葵，活泼，富有朝气；为了避免单调，开阔之处会铺设由字符和图案构成的圆形福寿图，象征着吉祥；主厅前以自然面的旧石板为主铺设，以显示出它原始的粗犷质感，与大厅的庄重古朴相得益彰；书楼前铺设以

富含吉祥寓意

白色的小碎石为底，青色的小碎石为绘，可组成“海棠春坞”图，苏轼有诗曰“嫣然一笑竹篱间，桃李满山总粗俗”，表现出自然高雅、满园春色的美感。花厅是园内的休闲之处，铺装的面积最大，可以将旧的酒坛打碎后，以十字纹铺设，利用小尺寸铺装花纹组合成大图案，与大空间取得比例上的协调，同时，在中间又配以圆形的大尺度的图案，图中荷花、梅花和游鱼组合在波纹之中，动静结合。

十八曼陀罗花馆

案头野趣

苏州老宅的风物之雅

苏州老宅是时间的艺术、历史的艺术，大量的匾额、楹联、书画、碑石、家具陈设、各式摆件等等，无一不是点缀其间的精美艺术品，无不蕴含着中国古代哲理观念、文化意识和审美情趣。

匾额和楹联书香韵味浓郁，是老宅厅堂内必不可缺的陈设。悬挂在厅堂正中屏门上方的匾额，题写的内容一般以三字为多，体现了宅主的审美情趣。如申时行故宅遗址赐闲堂，后又作春晖堂；卫道观前潘宅的礼耕堂，蕴含了潘家祖训“诗礼继世，耕读传家”的追求。悬挂于厅堂前部左右两侧柱子上的对联，即为楹联，或与匾额内容相呼应，或述志抒怀，或记事立德，立意深邃，情调高雅 。如礼耕堂内悬挂的抱柱楹联：“心术求不愧于天地；言行留好样于儿孙。”此联为清末吴大澂所书。

春晖堂

留余堂

礼耕堂书画陈列

苏州老宅里还有很多书画陈列，让宅子充满浓郁的书卷气息，体现了宅主的文化品位。纸质的书画，一般装裱后陈列在厅堂内，宅主会延请当时名家书写或绘画，内容一般为山水、花卉、人物、鸟兽等。文震亨认为绘画“山水第一，竹、树、兰、石次之，人物、鸟兽、楼殿、屋木小者次之……”。悬挂在大厅屏门上的大幅国画，被称为“中堂”，两侧配置轴式对联，非常气派。两侧山墙上通常会悬挂书法和国画作品，一般装裱于镜框内；纱槅或屏风内有时也会镶嵌书画作品。

浓浓书卷气

坡仙琴馆

长廊的书条石

书条石

老宅的室内或园子长廊墙壁上，还常常会镶嵌各色书条石，或为宅主所收藏的历代名人法帖的拓本，或为宅主所邀文人所书书札、诗词等，实为一道独特的风景线。

用料讲究

江南文化、艺术上的清雅、委婉之风，也反映在家具审美和家具风格上。苏作家具材质讲究自然天成，且多采用黄花梨、紫檀等名贵硬木；雕刻重视线条的流畅隽秀，装饰合理；制作技艺繁杂精细，要经几十道工序，整体风格秀丽典雅、温婉脱俗。可以说，既有巧夺天工的精巧，又有江南小桥流水人家的韵味，是文人审美和匠人精神的典范。当然，家具摆设和建筑一样，因宅主地位、身份和财富的不同，在具体材质、工艺和款式上有所不同。

苏州老宅大厅的陈设用具一般用料讲究，体质丰厚，气势大度，比如天然几，文震亨认为应“以文木如花梨、铁梨、香楠等木为之；第以阔大为贵……”。朝南紧靠天然几的为贡（供）桌，用以摆放香炉、蜡烛、果盘、花瓶等供物。紧靠贡桌的为做工讲究的大方桌，方桌两旁各放置一只太师椅，一般为宅主和长辈专坐之位。正前方两旁各放置三只小号太师椅和两只茶几，为宾客和晚辈之座。内厅则比较随意舒适，其中女厅的家具精致、小巧、玲珑，如贵妃榻即为此类典型。大户人家一般

供石

还设有书房，摆放在书房内的家具，文气、秀气、灵气。书桌、书椅、书柜款式文雅，做工精巧，立面精雕，寓意含蓄。屏风是古人生活中不可或缺的家具，不但有挡风、隔断和遮蔽视线的功能，还有一定的观赏价值。特别是悬挂于墙壁上的挂屏，已经成为一种纯粹的装饰品，可代替画轴。

当然，各类桌、案、几、架格上的摆件不可或缺，如瓷瓶、供石、台屏、文房四宝等。摆件虽小却品味不俗，和家具陈设相得益彰。比如供石一直以来为文人雅士所钟爱，文震亨《长物志·水石》篇中就提到灵璧石、英石、太湖石、昆石、大理石等。他认为“石以灵璧为上，英石次之……小者可置几案间，色如漆，声如玉者最佳”。供石多取其自然姿态，变幻多样，加上欣赏者的审美差异，呈现出千姿百态的美。

逢年过节，老宅厅堂内常会摆设花卉盆景等植物，春节最甚，称为“岁时清供”。春季牡丹、夏季芍药、秋季菊花、冬季水仙，还有兰花、山茶、月季等等，让整个居室充满清香。除了各类盆花，还有树桩盆景和水石盆景，前者于盆内栽植高不盈尺的古老树桩，经精心剪扎和培养，千姿百态，生机盎然；后者以拳石片岩，艺术加工后巧妙缀于盆内，所谓“一峰则太华千寻，一勺则江湖万里”。

君到姑苏见，人家尽枕河。
古宫闲地少，水港小桥多。
夜市卖菱藕，春船载绮罗。
遥知未眠月，乡思在渔歌。

久别重逢
Meeting again after a long separation

漫漫岁月，给苏州老宅留下了累累伤痕，如何修复、保护、利用好这些宝贵的财富是我们一直在实践的课题，也取得了一定的成果，相信前人留下的瑰宝一定会在新时代得到保护、传承和发展。

老宅新貌

檐傍翠竹

苏州老宅保护修复的多元化

苏州老宅作为苏式建筑的杰出代表，有以下几个特点：一是色彩以黑、灰、白三色为主，简洁素朴；二是以木结构框架组成建筑主体，高超的榫卯技艺体现了香山帮匠人的匠心巧思；三是建筑外观优美轻巧，淡雅的屋面、飞翘的戗角、柔美的屋脊、素洁的墙面、多变的门窗，无不给人以飘逸空灵的美感；四是装饰样式繁多，挂落、隔扇、飞罩、花窗等，造型多样，且极尽精雕细琢之能事，堪称精品。这些古宅文脉悠长，作为苏州重要的文化遗产，这些老宅的功能和价值是丰富多元的。

延秋舫

柔美屋脊

庭院日色融融

苏州老宅的保护，虽然滞后于经济文化发展，但总体还是伴随着经济文化的发展而发展的。1961 年，我国颁布了《文物保护管理暂行条例》，1982 年则正式颁布《中华人民共和国文物保护法》，为古建文物的保护提供了有效的法律依据。事实上，苏州对古建筑的保护和修复工作一直走在全国前列。不仅如此，苏州市相关部门还出台了相关法规规章，通过制度层面的保护，建立更为完善的古建筑保护机制。

苏州老宅数量多，规模大，居住密度高，产权情况复杂。2019 年，经过新一轮普查，全

青瓦明窗里

书斋思渐清

市范围内又新增文物保护单位36处、控制保护建筑37处，其中控制保护建筑姑苏区范围内有22处。

实施古建老宅保护修复工程，能更好地维护苏州历史文化名城风貌，传承优秀历史文化遗产，也是一件改善百姓居住环境、提高百姓生活品质的惠民实事。

老宅的保护修复是一项综合性工程，应当

春晖堂的回廊

建立健全多元化实施参与机制，充分调动各方积极性，综合发挥各部门的职能优势。对于老宅保护修复工程，苏州遵循“两个统一”“两个多元”和“两个注重”的实施原则。两个统一，即政府统一组织、主导和管理，统一修复规划和使用功能定位；两个多元，即在符合条件的前提下，允许产权多元化，允许使用模式多元化；两个注重，即注重运作市场化，注重审批规范化。

任道镕旧居鸟瞰图

庭院沈沈春昼长

晴窗度白云

当然，老宅的保护管理并不能拘泥于修复本身，要把保护揉进现代生活，跟老百姓的生活结合，与苏州的经济发展相结合。通过政府主导、鼓励社会参与、多元化运作的方式，通过外迁居民和其他使用人，腾空老宅，然后实施修复保护。修复后的老宅，实施主体可用以自营、出租、转让等方式处置使用权和所有权，从而大幅提高利用价值。

苏州老宅的修复工艺技术要求

老宅的保护与修复是一项集建筑艺术和技艺、人文历史、自然科学于一体的系统工程，修复技术和保护措施的选择就显得至关重要。

老宅的修复，按照保护为主、抢救第一、合理利用、加强管理的思路，务求做到在尽可能减少干预的前提下，原样修复，修旧如旧，保持其真实性、完整性。在此基础上，严格实行就地维修、易地复建、改造修复等原则。作为保护文物建筑及历史地段的国际原则，《威尼斯宪章》中指出："修复过程是一个高度专业性的工业，其目的旨在保存和展示古迹的美学与历史价值，并以尊重原始材料和确凿文献为依据。它不能有丝毫

绿荫庭院夏初长

臆测。任何一点不可避免的增添部分都必须跟原来的建筑外观明显地区别开来，并且要看得出是当代的东西。”很显然，传统建筑的建造工艺和技术是古建老宅修复工作的基础，对于这些经过无数岁月洗礼的古建老宅，修复或重建的重要原则便是尽量保持原有风貌，再现往昔风采。

在对老宅进行修复前，苏州市住房和城乡建设局会委托相关单位对各单体进行方案设计，经现场勘测，做好记录和照片资料，统计残损情况，再编制修复方案。指导施工单位编写施工组织设计，同时研究工程的施工工艺，寻找工程所需材料的货源。施工过程中严格以修复保护方案为依据，遵循“不改变

回廊映竹迷

池光叠翠纹

文物原状、最低限度干预、使用恰当的保护技术”的原则，按原工艺、原材质、原形制进行修复，最大限度地保留老宅风貌。局部增加的加固措施应当可以识别，并尽可能可逆，或至少不影响以后进一步的维修保护。

此外，在拆除前，应对被拆卸构件进行编码。拆除时禁止使用大型工具进行敲、凿，以免对构件产生破坏。拆卸后，将构件归类存放，为将来的修复做准备。拆卸时还要做好记录，对方案未涉及方面，须做详细资料，并及时上报，以制定有效措施，使修复工程顺利进行。

水抱晴窗

对于“保持原样”的构件等，修复施工时必须做好防护措施，以免在施工过程中受损。

在修复过程中，苏州市住房和城乡建设局也十分注重通过增加卫生设施等举措，不断完善老宅功能，并不遗余力地在施工工艺、技术、材料等方面大胆尝试。

多年来，苏州市政府和相关部门对老宅的保护和利用是全方位和不遗余力的，使得大量具有历史文化价值的老宅古建经受住岁月的洗礼，为今人呈现出活态的历史样本，是一项功在当代、利在千秋的伟大事业。

初见书房

闲坐饮茶

合理使用，就是最好的保护

原苏州市文物局的王嘉明，自20世纪80年代初便进入文物部门工作，不仅参与了20世纪80年代初的文物普查，也在随后的数十年文物工作生涯中参与了多处老宅的修复审批工作。他说：“在我看来，这些烙印着深刻的苏式建筑印记的老宅是苏州古城区的精华所在。对老宅的修复、保护乃至后续的合理使用，是我们这些文物工作者的使命。”

多年来，苏州市住房和城乡建设局凭借公房管理部门的自身力量，发挥公房管理的优势，落实安置房源，自筹维修资金，修复、保护和利用各类古建筑。其中修复、保护和利用最成功的典型案例有：卫道观前3号“礼耕堂”、东北街144号许乃钊旧居、洪元弄9号“轩辕宫”。

苏作玉雕艺术馆

卫道观前3号“礼耕堂”：这处古建筑从原苏州振亚丝织厂收回后，苏州市住房和城乡建设局随即投入大量资金，按照文物建筑保护要求对其进行了修复，修复后出租给礼耕堂文化服务有限公司使用，2013年该建筑被列为全国文物保护单位。

东北街144号许乃钊旧居：为了对这处控保建筑实施抢修保护，苏州市住房和城乡建设局通过搬迁谈判、司法诉讼等途径，花大力气清退了3家企业、3个店铺，然后开展抢救性修复，该建筑前后四进，建筑面积1200多平方米，占地面积3亩多，东临市六中，西接拙政园，南对东北街及内城河，北枕拙政园东别墅区。修复后，专门塑造了清朝道光年间江苏巡抚许乃钊的雕像，建筑物的历史文化和使用价值得到大大提升，现在出租用作苏作玉雕艺术馆。

传承吴门扇艺

洪元弄9号“轩辕宫”：2014年在腾退2名居住人员和1户住户后，修复了第二至第四进820多平方米建筑。修复过程中，苏州市住房和城乡建设局加强对工程的监督管理，接受文物管理部门的指导，有针对性地落实消防要求，保证轩辕宫建筑既能修旧如旧，又具备现代使用功能。修复当年，轩辕宫即被列入市级文物保护单位。2018年初，轩辕宫作为吴门扇艺文化传承场所，实现了苏扇艺术和建筑艺术的有机融合，既有利于苏扇文化的传承，也有助于古建筑的长远保护使用。

南石子街10号的潘祖荫故居，移建大儒巷的丁宅，钮家巷3号的花篮厅、纱帽厅，也均是由苏州市住房和城乡建设局实施搬迁后，交由相关单位修复利用的。其中潘祖荫故居是苏州市住房和城乡建设局完全凭借自身力量，

墨绣堂

经过多年努力，花了很大代价，将原住户全部搬迁，曾于2011年结合平江路历史街区风貌，拟定过一个保护修复方案。

苏州市住房和城乡建设局在修复老宅时，遇到了很多困难。比如，不少老宅都藏在幽深小巷中，施工车辆进出很不方便；又比如，随着现代古城区不少河道被填平，而马路越修越高，导致一些下水无法接通城市下水管道的老宅，在下雨天极易出现倒灌的情况，排水很困难，等等。这些问题以后还有待妥善解决。花这么大的代价修复、保护老宅古建，就是希望这些都是“健康”的老建筑。它们不仅能反映古建筑的历史原貌，体现其历史、文化价值，而且能满足现代人的使用需求，体现其使用价值。毕竟一座老宅修复好了，如果不能投入使用，过一段时间又会积尘破损，这样能有多大

洪钧祖宅

蒋侯庙

意义呢？所以，使用好，就是最好的保护。只要合理利用，不改变原建筑的结构、形制、风貌，便是值得大力提倡的。

面对数量庞大的老宅，通过市场化运作机制，调动社会力量、引导社会资金参与，是苏州市老宅修复保护的一项重要创新举措。

本着“只求所在，不求所有”的原则，将部分老宅推入市场，让其变为集体资产或者私有财产，以提高社会各界有识之士的参与意愿，发掘出民间在其中所蕴藏的巨大潜力。然后，秉持“谁使用谁保护”的原则，将修复好的老宅的日常维护工作转移给所有者和使用者，再辅以相关职能部门的适度监管，便不失为一条行之有效的途径。在这一原则指导下，苏州市住房和城乡建设局先后修复保护了马医科 29 号绣园、王洗马巷 7 号任道镕旧居、马大箓巷 26

遂园

号顾宅、马大箓巷 37 号师俭堂、建新巷 29 号吴宅、南显子巷 5 号韩宅等老宅。其中，王洗马巷 7 号任道镕旧居于 2013 年升格为市级文物保护单位，2019年升格为省级文物保护单位；马医科 29 号绣园、马大箓巷 37 号师俭堂分别于 2015 年、2017 年被列入苏州园林名录。

老宅作为一项特殊资产，随着多年的探索，苏州市住房和城乡建设局和其他相关部门，对其修复利用都积累了丰富的管理经验。在保证文物保护单位、控制保护建筑完整性的基础上，多倾向与文化产业的融合，从而达到经济效益与社会效益的统一。努力使机制更加完善、管理更加规范、监管更加到位、效益更加突出，并继续探索新机制，引入新做法，从而将老宅的保护管理工作做成标杆，使老宅以全新的面貌融入现代生活，焕发出新的生机与活力。

墨园

2016年以来，苏州市住房和城乡建设局又先后抢修了文物建筑梵门桥弄8号吴宅、西支家巷11号洪钧祖宅、和平里太平天国军械所，控保建筑菉葭巷11号天宫寺、蒋庙前20号蒋侯庙、西中市80号吴廷琛故居等老宅，确保了广大租户的住用安全；对大众里1号院内的假山、长鋆村的牌楼、天官坊的门楼也按照文物部门的要求进行了修复；对大石头巷36号等老宅实施了电气线路专项改造，消除电线老旧易引发火灾的安全隐患。2018年，苏州市住房和城乡建设局按照“天堂苏州·百园之城”建设要求，还对文物保护单位遂园、墨园两处园林组织实施了改造提升工程，让园林建筑在老宅保护修复中也焕发新生。

吴廷琛故居

下篇

卫道观前潘宅（礼耕堂）

名声赫赫的“江南第一人文豪宅”

富“潘”之富，几世励志

卫道观前潘宅，就是苏州人常说的“富潘”宅院，这是潘麟兆家族十几代人重耕重读、商海弄潮的成果。

清康熙四十五年（1706），潘家的第九世祖，20岁的潘麟兆，奉父命自立谋生改习商贾，自此昼夜辛勤、铢积寸累、惨淡经营，十余年艰辛，才有小成，为大富打下基础。35岁的潘麟兆奉母命携子由齐门东汇迁居卫道观前，并或建或置不同庭宅13处之多。真正为潘家打出一番天地，闯出一番事业的是潘麟兆第三个儿子潘元纯（字锡斋）。潘元纯为潘家的小本经营、小富即安找到了突破的原点，他从山海关带回苏州罕见的海

味和皮毛，赚到了自己的第一桶金。后来，潘元纯又开始做起了国际贸易，这让潘家的财富呈几何倍数增长。之后，潘家又凭借绸缎庄“瑞蚨祥”在京城站稳了脚跟，并成就了姑苏“富潘”富甲一方的第一桶金。

“富潘”历史上最兴盛时期是乾隆年间潘家第十一代潘文起（字念熙）那辈。潘文起18岁已承祖业主持家政，勤勤勉勉、持筹布算。苏州人耳熟能详的原观前街的福昌水果店、天源糕团店、稻香村糖果店、元大昌酒店、一中药铺、宫巷清泉浴室、余昌钟表店等老字号，当年都是“富潘”名下的产业，堪称富甲一方。乾隆四十八年（1783），潘家耗资30万两白银，历经12年，翻建卫道观前宅地，扩至13亩，建筑面积7500平方米，坐北朝南、五路七进，巍峨气派。那块浓缩了潘家祖训“诗礼继世，耕读传家”的牌匾“礼耕堂”被高高挂在大厅，卫道观前的1号到8号自此姓潘。

不仅如此，潘家还购置义田（含祭田）4000余亩，并于嘉庆八年建造混堂巷内“荥阳义庄”，义房达数百间之众。另外，散置于城区观东、东中市、阊门等处的商业门面房，更是不计其数。从康熙四十五年先祖潘麟兆创业，延至其长孙潘文起一代为止，潘氏三代经商历时近百年终成大业。

“礼耕堂”自始成就

卫道观前潘宅，规模宏大，现存五路七进，以礼耕堂正厅为中轴，粉墙黛瓦，木梁架结构，高大敞亮，庄重大气，在苏州首屈一指。原有8座砖雕门楼，至今尚存7座，无论数量还是质量都较为罕见，在江南古宅中居于榜首。

潘宅正路居中，东一路、东二路均为六进；西一路为七进；西二路分为两落，东落四进，

西落五进。正路六进为门厅、轿厅、正厅（礼耕堂）、内厅和两进楼厅。

穿过潘宅门厅和一个天井便是轿厅，为圆作梁结构。轿厅前有砖雕门楼，镌刻“居德斯颐”四字，以蝙蝠、荷叶镶边。径直走进轿厅，再走过一个天井就是正厅礼耕堂，礼耕堂前就是潘家保存完好的砖雕门楼之一，上面镌刻着“秉经酌雅”四个大字。正厅为扁作梁架构，前廊设一枝香轩，厅内置前后船篷轩，中为四界大梁。正厅朝南三开间，每个开间有 6 扇宫室落地长窗，正上方悬挂着浓缩了潘家祖训“诗礼继世，耕读传家”的“礼耕堂”匾额。这里昔日济济一堂，厅中设氍毹演戏，男宾前列座，女眷如云垂帘两厢之观剧，喝彩连连。正厅还悬挂着一副抱柱楹联：“心术求不愧于天地；言行留好样于儿孙。”此联为清末吴大澂所书。

经礼耕堂走过“旭丽风和”砖雕门楼和一

个天井，就是第四进内厅。内厅置有一枝香轩和船篷轩，这种双轩并列的结构在苏州建筑中并不多见。

东二路现仅存花厅稼秼堂，三进、四进楼厅和两座砖雕门楼。稼秼堂是一个相对封闭的独立庭院，稼是庄稼，秼是饲料，隐喻的意思还是“耕”。本来是艺事、嘉会、雅集的活动场所，堂前四合石板大天井，两侧设庑廊，厅堂中部和东西两侧厅翼为观众席，厅翼上还设置阁楼。厅北的门楼极为罕见，双面墙门式砖雕，即南北向各置一座门楼附之于同一墙面。南向外为三飞砖雕花门楼，简洁朴实；北向内为砖雕牌科花纹雕花门楼，宏伟奢华，显示的是潘氏家族藏富不露的心态。

1982 年，潘宅被列为苏州市文物保护单位；2006 年，被评为江苏省文物保护单位；2014 年，被列为国家级文物保护单位。

耕读传家，初见书房

到了清晚期，潘家衰落，开始割售部分宅院，后来又遭遇火灾、移建，庞大的宅第已经变得七零八落，面目全非。

1958 年，潘宅部分房产归国家所有，绝大部分散为民居；局部被街道办事处、居委会使用；中路门厅、轿厅、大厅则由苏州振亚丝织厂用作粮油经营部、工场及老年之家。1995 年振亚丝织厂厂部关停后，这一部分直管公房即被收回。

2001 年 6 月，苏州市公房管理部门对潘宅西一路北面的第

五、第六进的楼厅，第七进的平房进行了修复。2004 年，又对中路轿厅、正厅礼耕堂、西一路第一至第四进及备弄进行了修复。所有房屋按原样维修，尽量少换或者不更换原构件，原使用单位退出的房屋修复后不再作为民居使用，而由文化单位租赁使用。

修复工程的重中之重在礼耕堂，所幸除门窗外的原结构件几乎都完好无损。修复时，将原来作为工厂使用时的水泥构筑物全部仔细剔除，破碎的地面厅堂中间重新用陆慕“御窑”金砖铺设，两旁仍然以原方砖拼补铺设。天井部分铲除了杂草、杂树，并尽量利用原石板铺设。对砖雕门楼只是进行了加固，未经专家论证及制定专门的修复方案前，不对门楼上已有损坏的砖雕进行修复。

2005 年 8 月，苏州市公房管理部门又对中路北面四、五、六进楼厅及中路以东二路中居民租住的面积为 4385 平方米的直管公房作解危修缮，进行了屋面整修、墙面修补等常规保养性维修保护，以确保居民安全正常使用。

在保护利用的实践中，建筑和空间结构的修复是一个技术问题，相对来说是容易的，但是在开发使用中，更需要思考如何修复蕴藏在建筑形态中的生命气息。礼耕堂的开发利用着力点在“苏式生活”，以场景构建和生活方式体验架构现代与古代穿越时空的对话交流。

2014 年，礼耕堂又升级成为苏州 ALIVE 生活体验中心——礼耕堂 LIFE+，在以保护文物古迹为目的的基础上，引入“苏州好风光”“初见书房”“耕丰茶馆”等文创品牌，并不定期举办主题活动、人文展览，打破了以往对文物古迹的静态保护，科学、合理地开发其经济价值潜能，并最终实现文化遗产保护与开发的有机结合和历史文化的展示。

保护级别：国家级文物保护单位
时　　代：清代
地　　址：平江路卫道观前 3 号

许乃钊旧居

名人故居与“苏作”玉雕相得益彰

官宦世家之居所

许乃钊（1799—1878），清浙江钱塘人，其家族是杭州一带不折不扣的名门旺族。苏州古城区东北街138号、139号、140号、142号过去即为许氏宅邸。1983年被列为控制保护古建筑。钱塘许氏是于道光五年（1825）或稍前一些时间购得此处宅第并加以扩修的，这有现存的砖雕门楼题字为证。而在1996年的一次维修中，又发现纱帽厅大梁上有“万历”等字样，依此判断，这处宅第最早应始建于明代。经许氏扩建后，奠定了四路五进的格局。

道光十年（1830），许乃钊得中进士。咸丰三年（1853）许乃钊任江苏巡抚，兼“江南大营”帮办，他在苏松一带命令减轻税收，设立难民局，安置难民，并创设以捐代赋方法，增加国库收入，得到百姓拥护。

许乃钊旧居原宅第坐北朝南，四落五进，有轿厅、正厅、楼厅、花园、池塘，东西各有备弄等。全宅布局严谨合理，西路、更西路为全宅不可或缺的组成部分。更西路后两进均为三间带

两厢楼厅，楼厅前有道光五年（1825）的砖雕门楼。砖雕门楼，无疑是一种古老的防火防门，对住宅内部的私密与安全起着可靠的保障作用。西路以第二进花厅最精，前后船篷轩，扁作梁架。在中路与西路间有一条备弄，称西备弄，它既是一条内部的防火隔离通道，也是防盗防匪的疏散通道。备弄南北贯通整座建筑群，使宅内前后各进之间、左右各路之间联系十分便捷。因此，许宅的建筑格局在当时的江南民居中十分典型，具有相当的保护价值。

“活态化”修复保护

清末民初，许宅归扬州盐商刘姓所有，改称“刘公馆”。新中国成立后，正路和东路为苏州市第六中学所用。西路、更西路的后两层楼厅，即原百花巷 4–4 号，则出租给了原苏州染织三厂作托儿所之用。2007 年，苏州市公房管部门收回了这两

层楼厅。西路、更西路前面的宅院，即现在的东北街 142 号原为创元集团资产，2007 年左右，苏州市公房管部门以其他房产置换而得该处宅院。并对该处原有的 6 户租赁户，包括招待所、装饰公司、皮件店、布店、烟纸店等实施了搬迁。

2009—2011 年，苏州市住房和城乡建设局对许乃钊旧居的部分包括西路中的花厅、更西路及附属建筑进行了保护性修复，总占地面积约 1776.00 平方米，建筑面积约 1235.44 平方米。

按照保护为主、改造为辅，不改变古建筑原状，保持古建筑真实性的原则，此次修复工程注重保护古建筑遗存的完整性和安全性，并强调古建筑环境保护，使古建筑保护、空间功能性协调发展。

针对该建筑的残损程度，制定了相应修复措施，以中、东和西路三路布局恢复原貌。其中中路（轿厅、前楼厅、后楼厅）、东路（花厅）、西路（前厅、楼厅）等建筑采用不落架揭顶修复。对中路砖雕

门楼、砖雕墙门采用现状保护、局部修复措施。考虑原有花园及池塘等现已毁，拆除了西路后期搭建建筑，用此地块及北侧空地置小型庭园一个，以增加内部庭院休闲面积，力求与历史信息相对应。按现有资料（《苏州旧住宅》陈从周著），修复中路轿厅、中路备弄，恢复中路大厅、中路前后楼厅塌毁的厢房及原建筑。

转身成为“玉雕艺术馆”

老宅的修复，可以说是古城保护的硬件建设，而修复后的合理使用，就是古城保护软实力的打造。

修复好的这部分许乃钊旧居，作为苏州文化名人故居，其结构和空间有一种吴门文化的传统气息。苏州市住房和城乡建设局通过公开招租，优选使用人，2016年，许乃钊旧居转身成为“苏作玉雕艺术馆”。现在，中路轿厅作为资料室和一个吴文化的书画活动室；前楼厅被用作展示空间，不间断地举办各类丰富多彩的玉器展和相关内容的活动展示；后面楼厅作为工作室，楼下是雕工和设备，楼上是办公设计，一来便于沟通和交流，二来对于古建也是一种使用上的保护；东路花厅是会议室，现在更多的是用来举办交流讲座和培训上课；西路楼厅和花园是接待和会客区域。

使用者不仅制作了许乃钊的半身铜像，还在老宅的厅堂和抱柱作了精心布置，以许乃钊的诗词对联制作了楹联匾额，悬挂各处。这应该是让人比较满意的一种“活态化保护”方式，相信每一个走进这个空间参观展览的人都能感受到这个苏州近代名人故居的园林建筑风格和点点滴滴的文化元素。

保护级别：苏州市文物保护单位
时　　代：清代
地　　址：东北街142号

祥符寺巷轩辕宫（先机道院）

藏身姑苏深巷中，古意盎然复容颜

小弄里的旧时圣所

轩辕宫又名先机道院、机圣庙，为苏州清代著名的四宫之一，宫内主要祭祀黄帝及先蚕圣母西陵氏即嫘祖。它既是苏城悠久历史的见证者，也是苏派建筑文化的传承者。据《吴门表隐》记载，轩辕宫始建于宋神宗元丰年初的1078年，是苏州民间丝织手工业户集资所建并兼作机业议事之所，可以说是苏州丝织行会组织的雏形。相传上古时代轩辕黄帝的元妃嫘祖，是负责教民养蚕的，中国传统历史上，对这类行业始祖敬而又嘉，所以各地百姓建庙祭祀。以后历朝历代曾多次重建轩辕宫。比如明万历元年（1573），由里绅章焕出资重建；清乾隆三十七年（1772），又有里人孙辅成等重建；后来乾隆五十七年（1792）再建。

道光二年（1822），又增建了门庑、台房，

丝织、宋锦和纱缎业的行业机构始设于宫内；咸丰十年（1860），轩辕宫毁于太平军战乱兵火；四年后的同治三年（1864），刚刚恢复元气的纱缎商人发起设立云锦公所，在遗址上重建了轩辕宫，民国时期，云锦公所改名为纱缎业行业公会；光绪元年（1875），丝商们又拓地进行了扩建，在轩辕宫的东路建筑中设立了细分的丝业公所；民国十年（1921），由苏州丝绸厂老板们创建，又在此设立了铁机丝织业同业公会。1935 年 2 月，又重建统一组织建立了丝织工业同业公会。自古以来，产丝织布就是苏州的特色产业，到了明代中叶，苏州产生了资本主义萌芽。而轩辕宫作为苏州丝织业的行业公会所在，理所当然对苏州的丝织业影响重大，并且还对苏州资本主义的发展有一定影响，近代苏州织业的技术改革、教育和制度变化，应该都与此处密切相关。

1952 年冬，苏州市道教音乐研究组在此成立，将 100 首道教乐曲工尺谱译成了简谱。1953 年，西公所及宫屋移交给了苏州市商业联合会。1967 年，院内原有敬道堂龙马阁罗汉堂被捣毁。

1983年12月，内院原有正朝堂寒方阁楼厅被拆除，已了无痕迹，原址被用作教工托儿所。1985年时租赁给苏州服装四厂，后来又作为光明丝织厂的厂房。

苏式建筑文化的传承者

现在，藏身于姑苏古城深巷祥符寺巷36号的轩辕宫，正门门楼依旧还在，但巷子里另有标识指引至更加隐秘的洪元弄10号。严格意义上来说，这应该是个侧门，需要拾阶而上，进门是个连接两个大厅的宽敞过道，得逆推着一进一进走到宅院尽头才能厘清现在修复之后的轩辕宫建筑格局。

进门东路第一进为门厅，临街门墙留有精美的砖雕门楼上，悬挂一块罕见的砖雕竖匾，额“轩辕宫”三字。中枋两侧兜肚浅雕戏文故事，中间额“为章于天”四字，系同治元年夏月冯桂芬所题。

第二进为轿厅，三间两隔厢，扁作梁结构，山尖处有云雾山，四界大梁上有涂金样匾托。

第三进为高规格的正殿，殿前的庭院内，面对正殿设置一座极为罕见的方形花岗石祭台，两侧设置台阶可拾级而上。祭台上原来摆放香炉用于祭拜。正殿结构高大宏伟，厅前有双翻轩和丁字牌科，脊檩饰山雾云和彩绘，扁作梁结构，桁间有牌科。

第四进的楼厅，通过两侧的庑廊与正殿连接，围合出一座庭院。楼下前有双翻轩。在二楼的东墙上有一个圆形窗宕。窗宕内镶嵌的 块方砖可以左右移动开启或关闭。这种窗宕俗称瞭望窗，居高临下便于观察，既可防火防盗，也能通风排气。二楼还完全保留了原有的木质地板，通长 20 多米。

东侧的庑廊墙壁上，苏州状元陆润庠撰写的《重建轩辕宫记》碑，至今犹在，碑文诉说着清朝年间轩辕宫重建并设云锦公所的往事。

由于各种各样的原因，漫长岁月里，轩辕宫就一直被作为厂房仓库使用，甚至部分房屋还被安排为职工宿舍。在苏州市住房和城乡建设局抢修保护前，已有大量建筑构件遗失，其中正殿的安全状况尤为危急。2003 年轩辕宫被苏州市人民政府公布为苏州市控制保护建筑。

抢救性修复保护终恢复容颜

苏州市住房和城乡建设局从企业收回轩辕宫房屋使用权后，经过反复说服、动员，终于在2013年，腾退了居住在轩辕宫内的两名企业职工和一户住户。然后于2014年，遵循不改变文物原状的原则，对轩辕宫开展了抢救性修复保护，保持并恢复轩辕宫原有格局。

殿门入口为砖雕门楼，简洁大气，具有江南传统砖雕门楼的特点，下枋中间与两侧兜肚内均有戏文图案，上枋轩辕宫三字石刻竖牌尚存，字迹清晰，基本完好，缺失的砖雕图案因为没有恢复依据，所以保持原样；六座砖细斗拱中西侧缺失的一侧砖细拱，按原样恢复并梓桁归位。

前殿三开间，进深八界，正间的四界大梁侧边有镏金匾托。前殿左右出厢房，后有抱厦。正间与西间闲置，东间有居民使用，与正间有后期墙体相隔。西侧整体屋架倾斜变形，屋面渗漏，雨水进一步侵蚀步柱，情况不容乐观，急需抢险加固，具体措施就是揭顶维修。屋面整体卸载后，根据实际损坏情况整修替换受损构件，对屋架进行了打牮拨正，重新铺设了椽望，铺设

了防水层和瓦面，比较彻底地解决了屋面常年渗漏的不利影响，内墙粉刷层也铲除了屈翘剥落重新粉刷，外墙以保持原样为主，实在不行的进行了局部修补。

第二进整个天井环境较为混乱，紧贴前殿后檐搭建的单层小屋必须拆除。按照前殿后出抱厦的原来建筑格局看，此处应该还有砖雕门楼一座，而当时因为小屋的搭建和拆除，门楼已无迹可寻。原本混乱的地坪上的杂草被清理后，铺筑了花岗石板。

主殿殿堂宏伟，面阔三开间，进深十界，地面方砖磨损严重，部分碎裂，正间正中原为须弥座位置，其下方砖铺砌混乱。这是轩辕宫最为精华的部分所在，既是其自身存在的意义，也是保护和修复的目的。但是，也是这部分的损坏最为严重。

此次修复对正间正中须弥座位置其下方砖进行了重新铺砌；缺失木构件均按留有的卯口痕迹重新恢复补全，正殿屋脊参照前殿提升一个等级进行了恢复，木构件也按传统工艺重新油漆。门窗部分按照周边地区相近年代形式进行了恢复。因为正殿和前殿地势高差有 1.45 米，也恢复了正殿前的花岗石阶。正殿船篷轩内椽望的缺失，使得屋面渗漏严重，船篷轩梁架长期潮湿翘曲变形，承受力大大降低；草架内结构混乱，上面屋面椽望掉落；正殿后檐局部椽望缺失，东西贴边的后双步梁架局部木质腐朽，也让承受力下降，正殿西侧檐口局部已经坍塌，很容

10

易引起周边连锁坍塌，所以一样急需抢险加固，和前殿一样进行了揭顶维修，整修替换受损构件，重铺椽望和防水层，内墙重新粉刷，外墙以尽量保持原样为前提修补，木构件重新油漆，并恢复门窗。

第三进天井紧贴正殿位置，在拆除了后期所建的砖混二层小楼后，恢复了东侧庑廊与后楼连通的原来格局，地坪重新用花岗石板铺筑。天井西侧的卫生间考虑到后期的使用，改造时作了提升。

后楼三开间，下层进深十界，上层进深八界。后楼一层东西有连廊，可连接大殿，现东侧连廊有重建轩辕宫记石碑。下层其他构件保存相对较好，只是因为后期曾长期作为厂房使用，内部电线杂乱。另外由于有居民居住，内部分隔比较混乱。

修复时，将正间破坏原有结构的铁梯拆除，为满足采光需求，保留了山墙和后檐墙面大窗小窗两种规格，现在成为了一道特殊的风景。楼上拆除了隔断、吊顶等一系列当时居民的改造，恢复为敞开的三开间。其余门窗恢复旧样，损坏缺失部件都补配齐全，西北角渗水严重的楼板进行了更换，还整修了保存较差的砖细窗台。

现洪元弄 10 号，也就是后楼东侧庑廊的次入口南侧石阶整修，北侧加设了 1/10 的残疾人坡道，满足了轩辕宫修复以后的实际使用需求。

第二至第四进建筑经修复后，原本已显破败的老屋终于又恢复了昔日古色古香的容貌，随即被列入苏州市级文物保护单位。

2018 年初，修葺一新的轩辕宫由文化机构舞雩书院进驻，以此作为保护性利用。舞雩书院是在苏州大学艺术学院博导曹林娣先生倡导和支持下于 2015 年 8 月成立的，是一个提供鉴赏、交流、展示、互动和资源共享的社交平台与桥梁，同时也为弘扬吴文化、推动全民阅读、提升市民素质、打造书香城市做贡献。

保护级别：苏州市文物保护单位
年　　代：清代
地　　址：祥符寺巷 36 号

蒋氏义庄

古今融合，古建“活态保护”的新模式

蒋氏义庄的前世今生

胡厢使巷35号的蒋氏淞荫义庄，是清光绪九年（1883）由监生蒋兆烈等奉其曾祖蒋镐遗志创建的，又称淞荫义庄，原为坐北朝南两路六进。

关于蒋兆烈与其曾祖蒋镐的脉络记载不详，他们于何时到苏州创建义庄及为何以淞荫命名的资料也缺失。可考证的蒋氏祖是蒋继先，其在宋室南渡时，由河南开封府徙居到江苏毗陵，为江苏武进蒋氏之始。二十世祖蒋达善，元、明间以医术闻名于吴越间。曾祖蒋镐，生子蒋汾功，在常州城内南溪后北岸有进士蒋汾功府第。蒋汾功（1672—？），为雍正元年（1723）癸卯恩科三甲第82名进士。他的表兄是清代楚辞重要注家蒋骥，可以说家族学术积淀颇为深厚。

古人十分重视义庄祠堂的建设。北宋皇祐元年（1049），在杭州任知州的范仲淹回归乡里，用平时的积蓄购买良田千亩，捐赠给范氏宗族，作为族人公产，名为义田。还在城中灵芝坊祖宅设立义宅、义学，以济养群族，并亲手制定义庄的管理规矩。

明朝嘉靖、万历以后义庄渐多。清康熙时开始对设义庄者正式加以旌表，有的赐以“敦本表俗”匾额，并从法律上对义庄加以保障。到清朝后期，一些地方志也开始关注义庄，把义庄作为其记述内容。据民国《吴县志》记载，清末苏州府所属吴县、长洲、元和三县存在62处义庄，始建于清代的有55处，同治以后所建的为32处，三县义田总面积达7万多亩。如今在平江路一带保留下来的古建筑中，除了大量的民居、深宅大院、寺观外，义庄祠堂占有相当的数量，有些至今尚存遗构，蒋氏淞荫义庄即是其中之一。

两落六进的格局荡然无存

如果仅从外面来看，临河的胡厢使巷35号蒋氏义庄没有什么特别之处，低调内敛，与一般普通百姓人家几乎毫无二致。

蒋氏义庄曾为创元集团的苏州电工仪器厂所用，后来长期空关。2006年左右，苏州市公房管部门从企业收回宅子，并进行保护修复。

修复时勘察的结果是东路为五进，从南至北分别为门厅、轿厅、享堂、后厅及楼厅。其中轿厅已毁，楼厅为居民用房。

门厅为三开间，面阔三间 10.6 米，进深四檩 5.0 米。明间为将军门形式，屋架脊柱落地，前后各二架圆作用料。将军门已毁，明间脊桁底存有将军门上枋。前后檐口有桁间斗拱，斗拱间为雕花填空板，下有斗盘枋。西次间内有光绪九年（1883）潘遵祁撰《蒋氏义田碑记》石刻。此厅屋面损毁严重，屋脊为鱼龙脊，表面已风化。

享堂面阔三间 10.6 米，进深九檩 9.8 米。东山墙处有一备弄，备弄局部出现柱子移位、倒塌。屋架为内四架圆作屋架，前有船篷式翻轩，前后各拖一廊架。地坪现为水泥地坪，青石鼓墩柱础。因后期房屋搭建，西山墙处一品屋架已毁，屋面严重渗水。

后堂为三开间 10.6 米，进深六檩 6.9 米，内四架扁作梁，前后各加一廊，后廊局部已砌墙。东墙处有一备弄，备弄柱中间距为 0.81 米。西面为后堂西附房，附房屋面与后堂为一体。

古今融合的保护、利用模式

历史遗留问题的错综复杂，使得修复工作颇为棘手。苏州市公房管部门以“不改变文物原状”的原则，最大限度地保留原有构件，对此进行修复施工，根据保存现状、残损情况及历史资料，在修复轿厅等建筑的前提下，整治内部违章建筑。

在拆除了门厅南面的违章搭建后，修复了门厅前东西照墙，恢复前天井石道板地坪田径，正间恢复将军门形式，前置坤石。拆除了门厅至享堂天井内钢架屋面，并根据测绘数据恢复轿厅，布置景观树木。享堂则根据现状整修屋架、屋面及地坪方砖，更换失去使用功能的木构件，同时修复了东备弄。南天井钢架屋面也进行了拆除，并在天井东增设廊，使其连接享堂和后堂。此次修复的木雕、砖雕、石雕其花形纹样、刀法都符合相应历史时代的风格特点和传统做法。

事实上，如何保护性使用古建筑是一道难题，而选择怎样的使用者才不至于造成对古建筑的二次破坏在今天显得尤为重要。

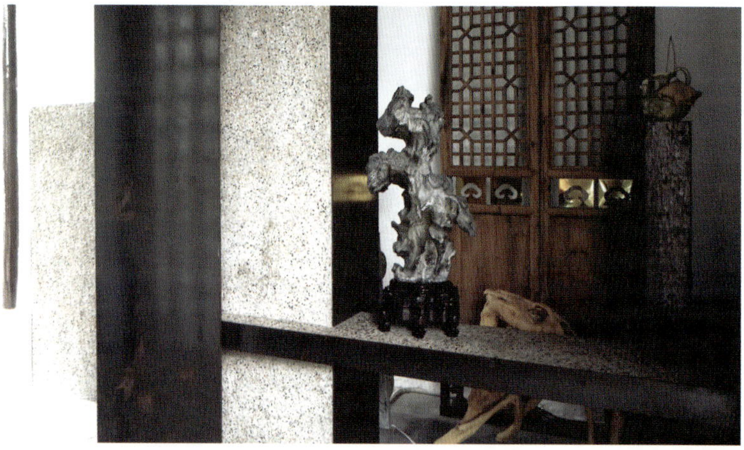

苏州市住房和城乡建设局将蒋氏义庄修复后，出租给了一家设计公司，并由其资深设计师对使用空间进行设计。设计师的阅历和修养决定了他对一座历史悠久文化璀璨的古城的理解和对一座具体的老宅的认识。此次设计改造给人最大的感觉就是本来一进又一进的传统老宅现在有了曲径通幽的地形复杂，原来一成不变的粉墙黛瓦现在有了现代元素的钢化玻璃，原来略显灰暗的旧房老宅现在是亮堂堂的新生新苑，既体现了设计师奇思妙想的空间使用，又严格遵循古建保护性使用的原则，更有一份对传统古建的尊重。其亮点在于所有的后期改造和出于功能的搭建都与原建筑基本保持了本体的不接触，却在精神上彰显了现代理念的文脉相承。

设计师以立有《蒋氏义田碑记》石刻这一开间作为通道引入，搭建回廊进入享堂，享堂在不改变结构的前提下，改为展厅使用，集中陈列展示旧时吴门文房及其相关的物件。前天井则作为苏派盆景展示之用，苏派盆景布局构思精细入微，取法自然，生活气息浓郁，和整座宅子相得益彰。可以说，蒋氏义庄走出了一条很好的古建老宅“活态化”保护的新模式。

保护级别：苏州市文物保护单位
时　　代：清代
地　　址：胡厢使巷 34、35 号

嘉寿堂陆宅

“怡老园”里传承苏州砖雕文化

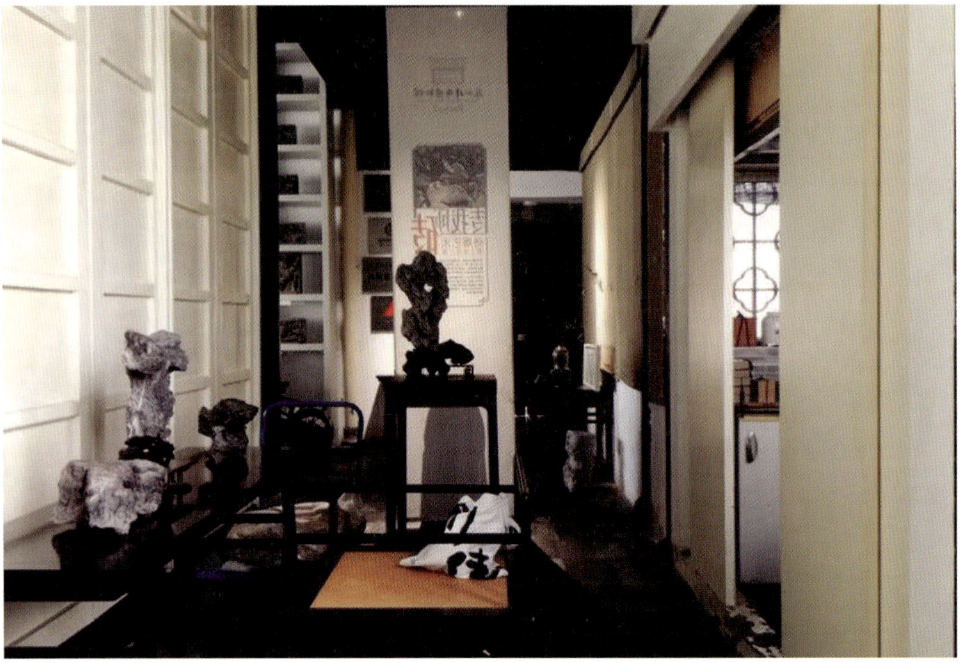

筑园娱亲“怡老园”

位于苏州道前街西端的学士街，南起胥门内大街，与百花洲直线连接，沿第一直河西岸向北，越道前街、干将路，至景德路与吴趋坊直线相望。原名药市街，一说宋代曾为药业聚集之地。

学士街的有名，是因为唐伯虎称之为“海内文章第一，山中宰相无双”的明代探花、官至文渊阁大学士的王鏊。学士街当中还有一条横巷天官坊，也是因为王鏊位至天官而得名。王鏊曾任吏部尚书，唐代武则天的时候曾经改吏部为天官，所以吏部尚书也被称为天官尚书。

天官坊巷内 8 号、10 号的肃封里为王鏊故居的一部分。当时因为太监刘瑾专权，昏庸的明武宗朱厚照疏于朝政，正德四年（1509），王鏊请辞归隐，“忠爱悱恻，沉忧不已”。王

鏊长子王延喆见父亲心中不快，于是仿照故乡洞庭东山景物，在此“筑园娱亲”，取名“怡老园”，供王鏊退归隐娱颐养天年。

到了清初，怡老园开始衰败。清康熙元年（1662），南边的一部分改建为江苏布政使署。乾隆年间，北边的一部分被徽商陆义庵所购，并以中路为基础，东西各延伸扩建出50米，整体规模达到东、中、西三路，前后六进，并更名为嘉寿堂，包括住宅、家祠、义庄和庭园等。

嘉寿堂布局合理，空间变化也相对丰富，更可贵的是至今还保留了一些明代构件，且在当时也是苏州非常有名的藏书楼。清末的时候，又为状元陆润庠所有。

“嘉寿堂”重现光彩

“嘉寿堂”也是全宅大厅的厅名，从西备弄进，通向大厅处，存有一座明代的砖雕门楼。明代砖雕门楼在苏州不多，且这还是一座双面门楼，前后都有字，带有须弥座，左右有清水砖包墙。面南端的是素面门楼，文字经过水泥等涂抹无法认清。须弥座

大多被水泥封闭，裸露处能够看到精美的花饰，下坊的典故花饰也已尽毁，上坊是中国画写意手法常用的梅兰竹菊四君子。庭院宽敞，中间石板天井。嘉寿堂檐高轩仰，屋宇进深，梁架设一枝香廊轩、船篷轩、扁作梁架，后双步，梁柱粗壮，雕饰精美，厅正中部桁下悬挂的“嘉寿堂”匾额由状元潘世恩所题写，是主人族人举办大型红白喜事或者接待贵客的场所。因嘉寿堂体量大，亦可在厅内举行堂会酬唱，男宾在厅内听戏，嘉寿堂两侧有两座抱楼，两层抱楼与嘉寿堂同高，大厅与抱楼墙上有窗户，女宾可在抱楼上透过窗户听戏。

2006 年，苏州市公房管理部门对嘉寿堂大厅进行了修复，工程包括砖雕门楼和嘉寿堂。因为曾为工厂使用和居民居住，建筑的布局、流线、秩序及使用功能发生改变，同时空间的

真实性也发生了转变；保留下来的鼓磴、阶沿也存在不同程度的风化现象；内外墙体粉刷层剥落、霉变现象普遍存在，后期搭建墙体较多；各建筑木构件普遍存在缺失、糟朽及残损等现象；屋面存在漏雨现象，屋脊原物缺失。

苏州市公房管理部门遵循传统建筑理念，尊重原有历史建筑的风貌、布局、法式，以复原性修复为首要任务，以保证真实、完整地延续文物价值为目的，立足现状，因地制宜，坚持最大限度恢复古建筑原有的风貌，力争与整个古城区的气息氛围融为一体。

修复时对墙体进行了全面清理，局部进行拆除重砌，维修用砖尽量使用原砖，新砖使用青砖，并重新抹灰粉刷，力求接近原貌。对风化、残损的垛头按原尺寸、原规格、原材料进行修复。拆卸并清理了柱、梁架等上面的插座、杂乱电线，同时对桁条、梁架等进行了全面检修，严重受损的进行更换，缺失的进行补齐。同时也对屋面进行了全面清理，更换了残缺的屋瓦，并按原规格补配了部分望砖。嘉寿堂内涉及油漆部分，只是轻度褪色的就保持现状，严重褪色及有脱落的就按原工艺、原材料重新油漆，以便最大限度进行复原。

老宅里的砖雕博物馆

为实现更好的保护利用，嘉寿堂修复后被租赁给了一家砖雕博物馆。砖雕，顾名思义，就是在青砖上雕出山水、花卉和人物等图案，是中国古建筑雕刻中很重要的一种艺术形式。而素有“南方之秀”的苏派砖雕，以其精细典雅和浓厚的书卷气为人们所钟爱。

嘉寿堂厅堂高大且颇有气势，梁上还有官翅帽，保存良好，近200平方米的博物馆里面收藏并展示着200余块精美的砖雕，题材有文字、人物、山水、花鸟、走兽、吉祥符号等。这些苏派砖雕，气韵雅致，和姑苏城里的老宅一样，承载着历史印记和文化脉络。

门前还有一个小巧精致的院落，散落地摆放着一些石雕大件，错落有致，别有韵味。院落里还有一座砖雕门楼，人物形象栩栩如生，令人印象深刻。

这些年，租赁这处老宅的房主对其非常珍惜、爱护有加，他表示当初老宅修复费用不菲，如今保养也不能掉以轻心。希望每一个走进砖雕博物馆的人，可以了解文化名城苏州的一个细微侧面。

保护级别：苏州市文物保护单位
时　　代：清代
地　　址：学士街天官坊肃封里2-1号

潘遵祁故居

苏式传统院落式民居的延续利用

潘遵祁故居位于白塔西路13号，即西圃。建于同治七年（1868），原为六进院落，东宅西园，坐北朝南，大厅名“五松堂”，面阔三间13.8米，进深12.5米，梁架扁作，雕刻精细，前后翻轩，左右磨砖勒脚。光绪年间俞樾曾形容西圃“泉石幽深，花木荫翳，墙头薜荔，幕青帷绿”。

潘遵祁（1808—1892），道光年间进士，为潘奕隽之孙、潘世璜之子，爱好藏书、书画。他出生于马医科躬厚堂，后得西花桥巷旧宅，整修后署名“西圃”，举家迁入。西圃曾被太平军的民政长官熊万荃占用，而潘遵祁则避居上海，主讲上海蕊珠书院。后来西圃又归潘继儒（时为清安徽道台，后为江苏省银行行长）所用。民国九年（1920），此宅由吴姓资本家所有，吴去香港后，托朱企顺代管，曾开办私

立德灵女中和务实小学。苏州解放后收归国有，由吴县人武部使用。1983 年后，归苏州烟草公司使用。

经历时代变迁，潘遵祁故居早已改变了原有的建筑风貌，第一进、第二进、第六进均为后期改造建筑，没有木构梁架，建筑样式改动较大；其余建筑也存在不同程度的损坏。

为更好地保护和利用这一古建筑，2019 年 10 月，苏州市住房和城乡建设局组织对潘遵祁故居进行保护性修复，以“保护”为核心，修复了大厅、前楼厅与后楼厅，复建了门厅、轿厅和后附房。并拆除了后期搭建或改造的建筑，恢复了苏式传统院落式民居的建筑布局，保证了传统风貌。

现在，潘遵祁故居已出租给永鼎集团，将作美术书画院使用，老宅通过这种功能置换进行活态化保护，将可以在延续利用中实现永续化发展。

保护级别：苏州市控制保护建筑
年　　代：清代
地　　址：白塔西路 13 号

顾家花园

典型清代建筑风格的四面阁

北浩弄 61 号的顾家花园，宅与园被道路分隔为两处。一处为两进朝南建筑，第二进的花厅面阔三间 11.8 米，进深 10.2 米，扁作梁架，前后有船棚轩，银杏木雕格扇较为精美，厅前还有花木及湖石花坛。另一处在它的东南面，有一座湖石假山，高约 3 米。

根据《苏州市志》记载，这里也称为广济路 242 号，北浩弄是其正门。这座宅子里历史上曾经住过什么人，现在已无从考证。

顾家花园保护范围内有一座四面阁，坐西朝东，始建于清代，苏州解放后收归国有，作为苏州市立医院北区（原苏州市第三人民医院）使用，后来四面阁废置。

这座四面阁为重檐歇山式，一层双围柱，周围廊，廊深 1.20 米；面阔三间，明间面阔 3.70 米，次间面阔 2.50 米，通面阔 8.70 米；进深四间，通进深 7.54 米。二层单围柱，通面阔 6.30 米，通进深 5.14 米。

1983 年，这处顾家花园被列入苏州市第一批控制保护建筑。2003 年，控制保护建筑名录

调整时，此处再次被列入，并正式对外公布。

顾家花园四面阁作为顾家花园保护范围的一部分，在展示清代建筑风貌的同时，亦承载不少的人文轶事，是这一片区历史和发展的见证，有一定的历史和人文价值。

但因年久失修及受自然因素影响，顾家花园四面阁屋面坍塌严重，梁架局部塌落，大木构件损毁严重，安全隐患极大。2018 年 11 月，苏州市住房和城乡建设局组织对四面阁实施落架修缮，根据前期勘察报告与勘测图纸所保留数据进行原形原制修复，同时对其附属建筑和周边环境也进行了整治。现在，修复后的顾家花园四面阁，呈典型的清代建筑风格，并继续由市立医院北区租赁使用。

保护级别：苏州市控制保护建筑
年　　代：民国
地　　址：北浩弄 61 号

沈惺叔故居
行善之人得偿所愿

沈惺叔故居位于卫道观前与草庵弄的交界处，是一座典型的民国建筑，现为平江街道老年公寓。沈惺叔其人，只知道他是保大钱庄的老板，曾因老来得子而发愿行善，在古城捐建了十八口义井，如今仍在使用的尚有两处。

故居坐北朝南，门厅呈八字形，砖雕门额上署有“老年公寓”四字。走进大门，穿过一条爬满紫藤的长廊，即可到达这座宅院的主楼，三开间，二层楼，地面离地较高。跨上几步台阶，就是一层的走廊，走廊和正中间的地面铺设有六边形的进口马赛克，颇有民国风情。房间里有几组桌椅，应该是老人们休息、会客的地方。

紫藤长廊两侧种植着各种花草，还有各种健身器械，三三两两的老人就在这锻炼、聊天。院子里还有一棵黄杨树，应是故居里的旧物，见证着这座宅子的人来人往。

2003 年，沈惺叔故居出租给平江街道作老年公寓使用，这是古城区为数不多的街道公办养老机构，多年来备受周边老人

欢迎。但由于建设之初规模较小、设施有限，只能满足部分老年居民的需求。2012 年，苏州市住房和城乡建设局组织对其实施整体维修、内部改造，改造后的老年公寓共有床位 120 个，每个房间都加装了独立卫生间，同时，每位老人的床边还配上了呼叫系统。除此之外，还新开辟了保健室、康复室、阅览室等公共活动场所。

这座宅子的主人曾发愿行善，如今，这里成为老有所养、老有所依、老有所学、老有所乐的老年公寓，也算是得偿所愿了。

保护级别：苏州市控制保护建筑
年　　代：民国
地　　址：卫道观前 27 号

吴廷琛故居

状元府邸，重见天日

吴廷琛（1773—1844），字震南、公君，世称“吴公君”，号棣华，嘉庆七年（1802）“壬戌科”的状元，会试、殿试皆第一，这是苏州第五个、清代最后一个连中“二元”者，嘉庆帝极为赞赏，赐诗中有“双元独冠三吴彦”之句。道光皇帝曾以四品京堂官衔征召吴廷琛入京任职，但此时吴廷琛已 54 岁，且体弱多病。第二年秋，他上疏请假回苏州养病，不再出仕。

吴廷琛回苏后，应聘担任正谊书院掌院，讲经传学近二十年；他倡议并捐资疏浚因果巷、菉葭巷一带河道，明显改善了苏州古城水域环境；他还与吴中一些名流倡导在沧浪亭设立了五百名贤祠。闲暇时，他修订旧著，名为《归田集》《池上草堂诗集》。在老家安度 17 年后，

吴廷琛寿终正寝，享年 72 岁。

吴廷琛故居，系购得池上草堂遗址所建，俗称“吴状元府”，左右两路，是典型的官衙深宅大院，记录了其告老还乡后在苏州的生活。后来，他的孙子吴郁生也在此居住，吴郁生（1854—1940），字蔚若，号钝斋，光绪三年（1877）翰林，善诗文、工书法。

作为一组典型的官绅大院建筑群，吴廷琛故居现存的东西两路大体完整，以院落为分隔，注重东西两路均衡对称的同时，考虑了建筑功能的连续性。其东路大厅无论是建筑构件体量，还是雕梁画栋采用的复杂建筑技艺，都深刻地体现了当时匠人的优秀，其建筑本身所具有的极高的科学价值，代表了当时社会生产力及经济处于较高水平，也是研究古代装饰艺术的重要文物。

东路大厅为市住建局的直管公房，坐北朝南，面阔三开间 12.62 米，进深九界 13.66 米，为典型清代木结构建筑，大厅结构宽敞，前后翻轩，脊檩和四界大梁饰彩绘，棹木雕刻精细，十分华丽。

2017 年初，东路大厅出现坍塌险情，苏州市住房和城乡建设局及时实施抢救性修复，工程修复方式为揭顶不落架纠偏：即在不拆落木构架的情况下，使倾斜、扭转、拔榫的构件复位，再进行整体加固，对个别残损严重的梁枋、柱等同时进行更换或修补加固措施。

因为大木构件基本完整，因此只进行打牮拨正，对偏移柱子进行纠偏。这是古建筑修复的一项重点工作。施工中先是揭除瓦顶，拆下木基层，并对桁条顶端榫卯缝隙清理干净，最后还要再对重新归位的构件榫卯进行铁件拉结。脊桁及大梁蜂头、山雾云等均绘有精美彩绘，虽局部褪色，但精美程度依稀可辨。所以更换了腐烂、白蚁蛀蚀构件，对缺失部分进行补齐、清理，在保留原有彩绘的基础上，其余屋架以上部分重新光油涂刷，正间步柱按照现有做法，重新包麻广漆油漆。

因为屋脊粉刷斑驳风化，哺鸡样式屋脊头东侧已损毁缺失，瓦面整体破损，北侧正间及西边间局部出现坍塌险情。故重新铺设了小青瓦瓦面，增加防水层，按现有哺鸡脊重筑脊头。拆除了后期隔断，对于门窗构件均已缺失的部分，采用常用的满天星式样恢复了传统长短窗和屏门等。

2018年上半年，吴廷琛故居终于成功修复，大大改善了房屋使用价值。岌岌可危的“吴状元府”，终于焕发新生。

保护级别：苏州市控制保护建筑
时　　代：清代
地　　址：白塔西路80号

李根源故居

仅存门厅的民国元老旧宅

原记载“十全街 111 号”的李根源（1879—1965）故居，在十全街改造后，门牌编号变为“279 号”。这里原是姚文倬在葑门新造桥的故居。姚文倬（1854—1912），浙江杭县人，光绪十六年（1890）进士。在买下这座宅子后，他就一直住在苏州了。姚文倬的儿子姚克是著名文学家、翻译家，清光绪三十一年（1905）生于厦门，几年后随父母回苏州居住，后来就读于苏州东吴大学。“曾经沧海难为水”，经历过轰轰烈烈辛亥革命的李根源由于和当时执政的北洋军军阀无法和睦相处，于民国十二年（1923）八月到苏州，购得姚宅，奉母入住，定居于此。

李根源，云南腾冲人，著名的爱国将领，民国元老，辛亥革命先驱者，杰出的爱国民主人士。退隐到苏州之后的李根源也是闲不住，喜欢访古考察，到处题字刻石留于后世。他在苏州城内住了 3 年，就把城内的虎丘、狮子林、拙政园等十几个古典园林都考察遍了。

从 1926 年 4 月开始，李根源把目光转向了城郊的天平山与灵岩山。1927 年，李根源的母亲去世，他将母亲殡于苏州城西

5公里的石湖治平寺，并住在寺内为母亲守灵。翌年，他把母亲的灵柩安葬在小王山后，就开始对苏州西部山区访古考察，并写就了《吴郡西山访古记》五卷。《吴郡西山访古记》为《吴县志》的编纂提供了丰富的史料，后来，李根源参加了民国《吴县志》的编纂工作。

李根源故居早在1982年就被列为苏州市文物保护单位，牌子是2003年9月挂的。故居北向，依次有门屋、客厅、起居楼、书房、庭园等，因李根源之母姓阙，故当时称此宅为“阙园”，并有“曲石精庐”“葑上草堂”“彝香室”等室名，其时范围较大。新中国成立后，大部分房屋归属苏州市公房管理部门的直管公房，由直管公房租户租赁居住。最里面的一幢三间硬山式平房很长一段时间仍归李氏后人所有，后来也被售卖。

李根源有访古考察时题字刻石留于后世的习惯，因此故居中也留存有他的多方碑刻。进入大院的铁门上有“敬题新华日报：明耻教战。李根源”的题字。院内靠墙有一个古井，井圈上刻有“九保泉。民国十年李根源书”的题字，李根源出生于

云南腾冲梁河县九保右安街，这可能是表达对家乡的思念。

2001 年，苏州市公房管理部门曾经对李根源故居进行过一次解危整修。修复后在很多人印象中沿十全街的一进是开的一家小店，后来遭遇火灾。2018 年 10 月，苏州市住房和城乡建设局本着修旧如旧的原则，对李根源故居再次进行修复。施工前不仅收集了大量的原房屋资料，还将梁柱上的图案进行了拍照留样，力求最大限度地还原该房屋原有的样貌。

此次修复的是前厅，既宽敞又通风，砖木结构，面阔三间 10.87 米，进深三间九界 8.91 米。最特别的是它有两层屋顶，内层铺小瓦外层铺大瓦，中间有一个架空层，这种双层屋顶有着很好的隔热作用。这次修复时进行了落架大修，双层屋顶采用实木搭建，大木作的檩条落架，斗栱分件及挑梁头进行了拆换，挑檐檩、枋、双步、眠檐、飞子、里口木等椽板类构，几乎全部参照祖宅原有木装折形制和式样重新置换，梁柱上雕刻着精美的图案。2019 年 4 月，李根源故居修复完成，再次展现出了古朴典雅的风貌。

保护级别：苏州市文物保护单位
时　　代：清代
地　　址：十全街 279 号

洪钧祖宅

见证状元外交官入仕前的生活轨迹

支家巷里的状元祖宅

洪钧（1839—1893），字陶士，号文卿，清末外交家、史学家。江苏吴县（今苏州）人，祖籍徽州歙县。洪钧为清同治间状元，任翰林院修撰，官至兵部左侍郎兼总理各国事务衙门大臣。其担任驻外使臣期间，在元史研究方面取得之成就斐然，后撰成《元史译文证补》三十卷，对元宪宗以前历史的补正较为详实。

先世经商，后来洪钧祖父"由歙入吴"。据记载，洪钧"少时慨然有当世之志，父坦以家道中落，令弃儒就商，而泣，请卒业为学"，终于"而立"之年中了状元。清光绪十七年（1891）洪钧出使回国，于苏州悬桥巷建造新宅及祠堂，西支家巷则为其祖宅。

洪钧祖宅位于西支家巷中部。西支家巷东起道前街，西接剪金桥巷，沿袭宋、明各代巷名，

支姓居于此，故名。该宅建于清代，坐北朝南，旧时规模恢弘，十分壮观。现存建筑可分为三路——西路存五进房，除一进门厅外，其余都是楼屋；中路存四进房；东路存三进房，有花厅、对照书厅等。

晚清洪氏家族生活的实体遗存

新中国成立后，祖宅被收归为直管公房，曾经有三四十户居民住在这里。2003 年 8 月，洪钧祖宅被苏州市人民政府公布为苏州市区控制保护建筑，并确定保护范围面积，同时划出了相应的风貌协调保护区保护范围面积。

苏州市区现存的古建筑类型丰富、数量较多，其中古宅、古民居及祠堂建筑占有较大比重，它们承载了相应历史时期的古城风貌和人文历史等。洪钧祖宅作为清代古宅第留存至今，成为

该时期古城风貌、人文历史的重要载体，是构成苏州古城的重要分子。

洪钧祖宅经历了洪氏家族之“由歙入吴”后的这段历史时期，在其展示清代建筑风貌的同时，亦承载了晚清洪氏家族不少的人文轶事，是洪氏家族及洪钧入仕前生活起居及活动轨迹的见证。作为洪钧祖宅的现有实体遗存，现存一进门厅和二进楼厅是其重要组成部分，是研究苏州市区清代古民居建筑的较好实物遗存，具有一定的代表性。且该古建筑内的雕刻具有一定的艺术观赏性：木作雕刻构件有浅雕和镂雕等，雕琢细致；石作雕刻构件，浅斫、质朴；砖细作构件，线条简洁流畅。

受自然力侵蚀，年久失修，现存建筑多老化，有残损和病害及损伤产生。2016 年 6 月，在对洪钧祖宅现状进行勘察后发现，现存一进门厅损毁较重，二进楼厅垮塌倾覆，已基本不存，建筑主体石作、地面、墙体、木作、屋面、油漆亦有不少的残损与损伤。该组建筑的现存状况堪忧。

修复保护相得益彰

2018 年 6 月，苏州市住房和城乡建设局组织施工单位对洪钧祖宅进行了局部修复，包括一进门厅、二进楼厅及所属庭院即楼厅南北两侧的天井，总建筑面积约 252.97 平方米，庭院面积约 62.02 平方米，总占地面积约 243.53 平方米，以及东进的廊道部分，总的修复面积达 431.6 平方米。

最先修复的是二进楼厅，二进楼厅系骑廊轩楼厅、砖木结构的二层房。一层二层均面阔三间，平面开间和进深尺寸、屋面提栈都依照2005年时的测绘图定样，主体木作部分诸料功限以测绘图和现残留构件为准。地面破损处重新铺上了旧条石，楼厅上方也拼装上了雕花的横梁，横梁是提前定做再拼装上去的，这些旧物件都是施工单位想方设法从其他地方淘来的。

此外，还拆除了庭院临时搭建，重新整梳了院落空间，修复了庭院铺地。针对勘察时发现二进楼厅散落木作构件有虫蛀痕迹的现象，维修时还请当地病虫害防治专门机构对木结构增做防虫处理，所采用的药剂也是现在最新无毒或毒性较小的药剂，对人畜无害，不污染环境。同时还增加了排水设施，疏通了院落排水，管道接市政管网。考虑到砖木结构建筑的使用安全，适当设置了消防设施。

门厅系一层砖木结构房，面阔三间，进深两间（四界）。局部拆砌了隔墙、封护墙，补配了缺失不存的石作构件，修复了室内青方砖铺地。再对门厅的立柱和横梁进行修复，先一块一块拆下来，做好记号，雕花的木块能用的尽量用，破损严重的再定做，从而最大限度地保留原有构件和历史信息，恢复古建的原有风采。

保护级别：苏州市文物保护单位
时　　代：清代
地　　址：西支家巷11号

蒋侯庙
重现六百年古庙古戏楼

蒋侯庙里古戏楼风韵犹存

过去很多街巷路名都是因地得名，比如蒋庙前就是因为巷子内的蒋侯庙这一可以明示的地标建筑。卢熊《苏州府志》作庙巷，王鏊《姑苏志》、乾隆《苏州府志》、同治《苏州府志》均作任蒋巷，民国《吴县志》也作任蒋巷，并注“今名蒋侯庙弄”。《姑苏图》中，东段标三节寺前，西段标任蒋巷，巷北标有“蒋土地（庙）”，《苏州城厢图》标作庙巷，《吴县图》《苏州图》标蒋庙前。“文革”时曾改名永锋巷，1980 年恢复为现在的蒋庙前。蒋庙前东出临顿路，西至后庙巷，巷子不长，也就 200 来米，宽不过两三米，现在的长方形砖状水泥道板路

面是1988年改造时铺设的。

蒋侯庙位于蒋庙前19、21、22号，有碑两块——《重修蒋忠烈仁寿侯庙碑记》《重建蒋侯庙记》，均为光绪年间立。现为苏州市控制保护建筑。《吴门表隐》记载："蒋侯庙在七姬庙后，神姓蒋名子文，封乐安下乡土谷神，八月二十八日神诞。明洪武四年（1371）建。"《平江区志》记载："清雍正四年（1726）庙颓废，里人重修。乾隆十年（1745）立碑刻石纪念。咸丰十年（1860）庚申之乱庙毁，同治十年（1871）重建。宣统二年（1910）四月遭火毁，又重建。"门前有井，井圈镌刻"正堂程，濬"。

蒋侯庙于清宣统二年重建后，坐北朝南，三路三进，总建筑面积达1588平方米。原庙建筑中路为清水砖面山门，大殿高敞。殿前为露天石板戏坪，戏坪中还置有一铁香炉。两侧为硬山顶两层看楼，戏坪南端上层为朝北戏台，与左右的东西看楼连接成了凹字镜框形戏楼。蒋侯庙的原附房天井中，原有方亭、石碑，现石碑尚存，方亭四周已砌成水泥墙。此处在清朝时亦称“阴织造”，因地处织绸工匠集中地，人们朔望祭祀，并还曾按规定每一台织机捐银一两来维修庙宇。昔逢农历6月23日火神诞以及8月28日蒋侯神诞，庙例必演剧打醮致祭。20世纪30年代后，香火渐衰。“文革”期间，蒋侯庙几乎被毁，后大殿、戏坪与头门下层等处，为某镜片厂所用，戏楼上层与看楼等，散为民居。

晚清苏州宗教活动的历史见证

蒋侯庙是一处具有代表性的宗教建筑群，它及所处环境的变化也在一定程度上反映了晚清至今苏州宗教活动场所的变化，是晚清苏州祭祀场所的历史见证。伴随着社会的发展，它已不仅仅是一处祭祀场所，也是百姓交流的一种生活方式，更是一种精神寄托，具体在其内的戏台、看楼、砖额、装饰等布局结构方面能够得到考证。蒋侯庙保留至今，其整体布局形式及单体建筑的风格特征都极具时代特色和地方特色，对研究苏州寺庙建筑有较高的参考价值。

蒋侯庙的山门，坐北朝南，两层，面阔三开间11.4米，进深四界4.9米，南北檐口高度均为5.7米。原庙大殿高敞，硬山造，歇山顶，坐北朝南，一层，面阔三开间12米，进深六檩十二界13米，扁作雕花梁，前有双船篷轩，

前后檐列枫拱，后有穿廊接后殿。桁间枫拱牌科比较完整，殿前露天石板戏坪中置铁香炉一。

原庙有戏楼，分上下两层，各三楹，硬山顶，属“凹”字镜框形戏楼。上层自楼板至屋脊高3.96米，演区原宽11.11米，深3.17米，东西两面砌墙，南面正中设太上板，太上板两侧右“出将”，左“入相”。北面台口下设镂空花格木栏，栏内装活络裙板，其上置半窗，演出时与裙板一并卸去。自太上板后至临街底墙深1.1米，演出时作为优伶候场处。其东、西两端各设走马过道，越过道即东、西戏房。又于东、西戏房北首楼板靠戏坪一边各开一上下口，下设南向楼梯，上与东、西看楼之南道出入口相通。戏楼下层面积与上层相等，向为出入通道。

戏坪两侧筑硬山顶二层看楼各一，自楼板至屋脊高3.57米，

朝演区一面上置半窗，内设贵宾、香客、女眷等观剧席。东厢楼，坐东朝西，两层，面阔三开间。梁架圆作，结构为内四界，正贴抬梁式，边贴穿斗式。

最大限度保留寺庙的历史信息

因为长年不恰当的使用，如对建筑外部及内部的随意搭建、改建，使用功能的混乱，杂物堆放，随意敷设电线等现象的损伤隐患，以及潮湿和温湿度变化产生的剥蚀等自然破坏因素等，对蒋侯庙造成了很大的影响，对价值延续也颇为不利。

2016 年 3 月，因屋顶渗漏导致梁柱朽烂、白蚁孳生，苏州市住房和城乡建设局组织对蒋侯庙进行了抢救性修复。抢修项目范围内占地面积为 368 平方米，建筑面积为 459 米，共涉及三处建筑：山门、大殿及东厢楼。

抢修前的勘察显示：建筑格局基本完整，但各建筑局部有所改动，建筑的布局、流线、秩序及使用功能较之原貌，已经多有变化且基础设施残缺，空间的真实性有了转变；各建筑的一层地面铺地形式改变皆较大，水泥、水磨砖和瓷砖铺地全部为后期改造。山门及东厢楼交界处的走马过道已毁。保留下来的建筑立面、门窗均已缺失，屋面瓦件局部缺损，屋脊原样式已不可辨，大殿屋脊残损尤为突出，现状均与原貌不符。只有局部有价值的原物构件如大殿山雾云、前船篷轩位置的砖细门洞及匾额、东厢楼西立面的牛腿及山门的砖雕门楼等保留较好。

进行修复前，首先对施工区域进行了白蚁防治。接下来，遵循传统建筑的保护理念，尊重原有历史建筑的风貌、布局、法式，按照“修旧如旧”的原则，实施复原性修复，最大限度恢复古建筑原有的风貌，保证蒋侯庙的建筑安全，保护好整体环境气氛，充分尊重并尽可能保留寺庙的历史信息，以保证真实、完整地延续古建筑的价值，力争与整个古城区的气息氛围融为一体，以体现区域空间的统一性及历史建筑的连续性，并为合理利用这一建筑遗产创造条件，实现保护与利用的双赢。

因此在修复时尽可能保留楼面的木地板，对开裂、残损、缺失严重和承重危险之处进行拆除，拆除时不使用大型工具进行敲、凿，以免对木地板产生破坏；修复时选用拆下来的木地板，按原工艺进行重新铺设，破损严重及残缺之处须按原材料、原尺寸、原样式、原工艺进行修复。

拆除后砌墙体和后期安装的门窗，按原样重新划分室内空间，并采用传统样式和规格恢复长短窗。同时对墙体进行全面清理，局部拆除重砌，维修用砖尽量使用原砖，新砖则使用青砖。墙体维修砌筑时尽量采用原墙体砌法或传统做法。对损坏的木构件进行全面检修，更换残损严重的部分，按原规格墩接糟朽的柱根，并补齐缺失的木构件。

整个施工过程中严格遵循“不改变文物原状”的原则，以维修保护方案为依据，进行深化、完善，并按原工艺、原材质、原特征进行修复，以便最大限度地保持原历史信息。

保护级别：苏州市控制保护建筑
时　　代：清代
地　　址：蒋庙前 19、21、22 号

墨园
苏州园林和西式洋房混搭的风情

中西合璧的近代名人故居

临近平门的中核苏州阀门厂内，有一座中西合璧的近代名人故居——墨园。墨园的故主是顾祝同（1891—1987），字墨三，江苏省涟水县人，国民党高级将领。

1928年，因羡慕好友钱大钧在平门桥南堍所建的花园别墅，顾祝同在其别墅的斜对面购得原岑氏宅基地一块，占地11余亩。1931年，顾祝同委托苏州著名的裘松记营造厂建造宅园建筑，并手书“墨园”两字，由石匠刻制成碑，嵌入宅园围墙。

抗战期间，日本军队曾经占据墨园，园内部分园景被敌伪所毁。抗战胜利后，墨园归顾祝同老部下佘仲良所有。佘仲良在墨园内大兴土木，建造“自立农场”，还增建了洋房、牛舍、办公室、职工宿舍等建筑。此时的墨园，已是

宅第园林和家庭农场相结合的产物。

新中国成立初期，包括“自立农场”在内的墨园，由苏州人民法院判决收归国有，改为国营苏州地方农场。1952年，国营苏州地方农场撤销，其场所划归国营五二六厂的前身苏州铁工厂使用。后来，国营五二六厂成为中国核工业部的部属厂。园内那幢主体建筑、中西合璧的欧式洋楼因之成为接待核工业总公司领导的会客楼。

现代设施齐备的花园别墅

墨园内的主体建筑，是一幢两层楼的欧式洋房。坐北朝南，平瓦坡顶，黑砖扁砌外墙，不饰涂料，坚固美观。廊柱为圆形罗马柱，柱的顶端饰涡卷花纹，为典型的巴洛克风格。楼下为会客室，铺花卉图案地砖，悬挂有西方油

画作品，还摆放了产自瑞士的落地自鸣钟。沿木梯盘旋而上，可至二楼卧室。临窗设有围栏阳台，视野极佳，可扶栏赏景。卫生间内，安装了进口的抽水马桶。为了解决用水问题，住宅后面还开凿了一眼自流井（俗称洋井），并建造了一座配套的混凝土结构水塔。这种功能齐全的自流井，如同一座小型家庭水厂，当时市面上也很少见。住宅旁专设仿西式浴房一间，地面铺砌美国进口的小方块马赛克，并安装了全套产自美国的莲蓬头等淋浴设备。

住宅区后面，便是墨园的花园。花园格局为传统的苏式庭园，以荷花池为中心，临水而筑的敞厅，古色古香，被誉为“荷花四面厅”。花岗石板铺砌的曲桥中间，有一座湖心亭。亭内设置美人靠，可倚栏赏景：碧波荡漾，垂柳依依，假山嶙峋，花木葱茏。池岸不远处的一株龙柏，树龄已达300年，据说是当年建园时移栽，颇为珍贵，可以说是这座庭院的点睛之处。可惜的是荷花池已于“文革”中因战备建造防空洞被填埋，后建起一座平房，湖石全部埋入地下，令人扼腕。

真实还原墨园当年的景观效果

2004年7月，墨园被列入苏州市控制保护建筑名录。2014年5月，被列为苏州市文物保护单位。墨园在苏州为数不多的民国宅地园林建筑中，以构筑精巧、园主身份显赫而著称。从现状来看，整体格局依然完整，只是欧式洋楼的围墙老化，起皮剥落，有霉变现象，青砖小路被苔藓覆盖，部分路段风格与名园风貌不符；局部残败破损，部分构筑物、景观小品老化，油漆剥落，园林植被局部杂乱，并且裸土外露。

2019年6月，苏州市住房和城乡建设局对墨园实施了改造提升，针对以上问题，适当修整，以还原墨园当年的景观效果。

此次保护修复尽可能保留原有传统格局风貌，体现原有环境的统一感和整体性。对于部分样式与园子风貌不符的围墙，进行了拆除；有残损的围墙，依照现存花窗围墙样式进行修复；“墨园”题字有破损，也进行了修补；清理了道路上的苔藓，恢复成青砖铺地原貌，同时适当补植一些灌木和地被；重新整理了假山上的植被，并对局部老化的爬藤廊架进行了适当修补和重新刷漆；园路破损用水泥修补部分恢复成白色石子铺砌，保证整体美观性，水泥填埋部分恢复成绿地，台阶及平台白色瓷砖更换成了青灰色花岗岩园路铺装。

现在，修复后的墨园里各类植被郁郁葱葱、生机勃勃，老宅的新生，从此开始。

保护级别：苏州市文物保护单位
时　　代：民国
地　　址：人民路2114号（原人民路679号）

荫庐（遂园）

气势豁达的非典型苏州园林

非典型苏州园林

遂园，也曾名荫庐、毕园、小灵岩山馆，为清康熙年间巡抚慕天颜宅园，所以俗称慕家花园。之后这园子几易其主。东部于乾隆年间归尚书毕沅（1730—1797），筑有清池峭石、亭台榭舫，题名“小灵岩山馆”，后为毕氏后裔所居，俗称毕园。毕沅因从沈德潜学于灵岩山，自号灵岩山人。毕沅经史小学金石地理之学，无所不通，续司马光书，成《续资治通鉴》，又有《传经表》《经典辨正》《灵岩山人诗文集》等。

道光年间道员董国华告老后购得此园西部，种花缀石，略加修葺，咸丰年间太平天国战事后变作茶肆。宣统年间，安徽刘树人大兴土木重修后改园名遂园，民国二十年（1931）左右，刘氏后裔以 2.1 万银元售与沪商吴涤尘，曾一度辟为在夏日夜间向公众开放的游艺场，开放游览，供应茶点，游人甚多。

1934 年，此园又归上海巨商叶氏叶荫三，因想将之作为养老之地，所以在园内疏池理水，栽花植木，并建拱形铁制花房

一座、喷水池设备一套。还重修了假山，山上补建两座六角亭。同时，在原来“琴舫”遗址上改建“石舫”，修复了“容闲堂”等旧观。还在北部增建了一座规模恢宏的西式主楼和一座较小的附楼，成为苏州当时设施最新式的私宅。叶荫三遵守父训：“尔辈既受荫惠，当知血汗金钱得来不易，务必谨守俭朴家风，勿为习俗所移。”将宅园取名为荫庐。

斗转星移，在此后的几十年间，这处园林几度废兴，曾先后为十几家机构所使用。1949 年苏州解放后，曾先后由驻军机关、苏南行署、公安局、康复医院、通草堆花社、轻工业局、制药厂、工艺美术局等使用。1953 年普查时，荫庐（遂园）尚存广沼，有假山、曲桥、石舫、凉亭、喷水池、自流井等。1958 年下半年起改设儿童医院，至今为苏州大学附属儿童医院使用，属苏州市住房和城乡建设局的直管公房资产。

1991 年 1 月，荫庐（遂园）被列为苏州市文物保护单位。2000 年经整修，成为医院附属园林。2015 年 8 月，列入苏州园林名录。

西式别墅与苏式花园融为一体

叶氏增建的这座民国洋楼，具有欧洲文艺复兴时期的罗马建筑风格，主楼三层，平面呈“凸”字形，第三层辟为储藏室。正门东向，前廊排列四根粗大的廊柱，为雄伟挺拔的罗马柱，间隔有序排列，贯通一、二层，擎托第三层阳台，形成通长式拱形门宕，气势非凡。门前设置五级花岗岩台阶，通透走廊铺设小方块彩色马赛克地砖。

二楼正中阳台设置花瓶柱栏杆，可倚栏赏景。内部厅室宽敞明亮，扇面螺旋形楼梯和室内壁龛装饰颇精。东面和南面均设置正门，门前设置花岗岩台阶，走廊铺砌马赛克。两根粗壮的圆形罗马柱，形成通长拱形门宕。落地长窗上，古色古香的铸花铜把手仍为原物。二楼朝南设置弧形阳台，配备铁艺栏杆。正门右侧，还有一个边门。边门镶嵌落地长窗。长窗的彩色玻璃，分隔成多姿的几何图形。门的两侧边框，镌刻一副嵌绿楷体对联，联曰：“为善家乐；居德斯颐。”对联体现了传统的家庭生活理念。从边门进去，又是一番天地。底层铺砌彩绘几何图形地砖，系当年原物。

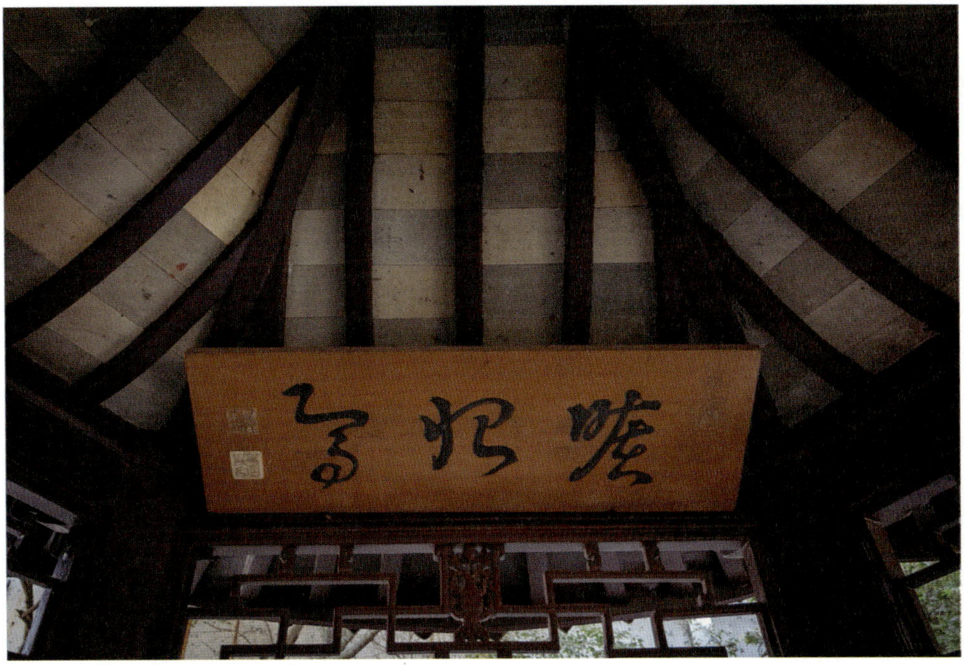

通往二楼的楼梯，形制别具一格，为扇面螺旋形。如此处理，既节省空间，又富于造型变化，体现了欧式楼梯的建筑风格。盘旋而上，二楼中间为铺砌地砖的小客厅，两侧各有一条地板走廊。走廊两侧，整齐排列多间住房。房间均配置考究的木门，平铺考究的地板。现在，这里辟为医院的行政办公大楼，不对外开放。

紧靠主楼的北侧，还有一座体量较小的附楼，两者之间有过道相通。从外立面窗框的装饰特色对比，建筑风格与主楼一致，为了方便生活起居，开挖了当时最先进的自流井。整座大楼，安装了热水汀设施，配置了四套拥有抽水马桶的卫生设备。西风东渐，也是清末民初园林的一大特色。遂园于是成为一处西式建筑与中式仿古园林结合的花园别墅。

豁达、大度的“遂园”气势

遂园整体格局完整，主体景观都保存良好，虽然假山上六角亭只余基座，景观缺失，但位置及基座样式十分清晰明确，建筑略加重建即可还原遂园传统园林风貌。

2019年6月，苏州市住房和城乡建设局对其进行复原建筑现状维修。

现在，站在西式洋楼前欣赏遂园的假山，隐约能听到哗哗的流水声。循声沿着假山西侧的步道往南走，右前方是一处平静的水池。水池形制不规则，池岸堆叠嶙峋的湖石，极富生态野趣。池中架设三座三曲平桥，桥面铺设花岗岩条石，围以铁艺栏杆。三座平桥错落有致，分别连接池岸的假山和石舫。池底有水井可以调控水位，为水池提供源源不断的活水。

假山贴着院墙一直蔓延，依靠山石树木遮挡住院墙，让人有自然深邃之感。假山上设有人工瀑布，所以山石潮湿，遍布青苔。经曲桥行至水池西北湖石岸，是湖石假山，有蹬道可盘旋而上。山脚下设置一座亭子，题额“旷然亭”，形制为六角攒尖式，上置葫芦顶，亭子栏杆上雕刻狮子，这在其他园林中未见，算是一个孤例。美人靠为三层，也比较罕见，是受了当时西洋风格的影响。

立于旷然亭中向东望去，停泊着一艘典雅的石舫，为园主叶荫三在琴舫遗址上重建。构造与狮子林中的画舫类似，但体形较小。该石舫具有民国建筑风格，材质为水泥，仅船头用花岗岩条石镶边，其实是一艘“仿石”石舫，可以说这是园内最大的亮点。

出旷然亭，走曲桥折返，可至假山南面的一片平台。平台东西两侧皆有蹬道可上假山，中部和偏东部还有山洞入口，不管是上山还是入洞，一番探索后都能由曲折的通道回到假山北面的行政楼前。堆叠在池岸的两座假山，东西相望，隔池相映成趣。

东假山的体量大于西假山。堆叠的石材，底部以黄石为主，顶上间杂少量湖石。假山间，蜿蜒着多条蹬道，错落于多个山洞。山洞幽雅深邃，入洞有恍如隔世之感。沿蹬道拾级而上，可攀至山顶。顶上有卵石铺地，可居高临下俯瞰赏景。假山间的多株老树保存完好，品种有香樟、朴树、黄杨、罗汉松等。一株树龄190年的瓜子黄杨、一株树龄120年的朴树，已列入古树名木挂牌保护。

可以说，与那些玲珑、精致的私家小园林相比，“遂园”的气势是难得的豁达、大度。

保护级别：苏州市文物保护单位
时　　代：民国
地　　址：景德路 303 号

春晖堂杨宅
昔日状元府里的中医药博物馆

申时行回乡筑园会友

景德路黄鹂坊桥东堍，汤家巷12号春晖堂，充满沧桑感的门楼上方悬挂着“蘧草园”横匾，右侧嵌“春晖堂杨宅”文物保护石碑，左侧的两块竖牌上分别书“苏州市中医药博物馆”和“养生苑药铺”。

这儿曾是明嘉靖年间苏州状元、大学士申时行（1535—1614）故宅的遗址“赐闲堂”，当时这座宅子建筑规模宏伟，前门在景德路，后门在西百花巷。申时行，字汝默，号瑶泉，长洲（今吴县）人。嘉靖四十一年（1562）得中状元后，授修撰。明万历十一年（1583），申时行入阁为首辅，执掌相印九年之久，做过不少有益于老百姓和国家安定的事。万历十九年（1591）返归故里，在此筑园，会友朋，唱诗咏物，赋闲自慰，并留下了《赐闲堂集》等众多著述。

历经四百余年沧桑变迁，申氏故宅先后归阳山富商朱鸣虞、清朝刑部侍郎蒋楫、太仓状元毕沅、文渊阁大学士孙士毅、富商梁友松等所有。光绪二十年（1894），珠宝商杨洪源购置此宅用作住宅，将其主厅命名为“春晖堂”，后来又改名为“善

德堂”。从汤家巷这个小门进入民宅，有一雕花门楼，“维德之基”，楼厅保存很好。精美的木雕裙板，南面还有一进，却没有善加保护，甚是可惜。

春晖堂在解放初成为居民区，后来成为百货公司的仓库和办事处。1998 年列为苏州市文物保护单位，称“春晖堂杨宅”，改用的是旧名。

不遗余力修复“春晖堂”

2001 年，苏州市公房管理部门对“春晖堂”与其后楼厅、庭院前三进建筑进行修复。“春晖堂”是这个建筑群最重要的部分，也是保护和修复的目的所在。修复时，对地面混乱的方砖作了重新铺砌；所有木构件缺失部分均按照卯口痕迹补全，并按传统工艺重新油漆，同时还拆换了腐朽部分。门窗部分则按照周边地区相近年代形式进行了恢复。船篷轩内椽望的缺失，使得屋面渗漏严重，船篷轩梁架长期潮湿翘曲变形，承受力大大降低；草架内结构混乱，上面屋面椽望掉落；后檐局部椽望

缺失，东西贴边的后双步梁架局部木质腐朽，也让承受力下降，很容易引起周边连锁坍塌，所以都整修替换受损构件，重铺椽望和防水层；内墙重新粉刷，外墙以尽量保持原样为前提修补。这次修复过程前后历时十个月，于 2002 年 7 月竣工。

修复后的“春晖堂”气势极为轩敞，民间称之“百桌厅”。厅堂巨柱石础，扁作梁饰有山雾云和抱梁云图案，前设双翻轩，后设单翻轩，檩枋间有斗拱牌科五排，牌科间有福寿木纹图饰，可谓画栋高梁，粉墙花窗。这次修复，在主厅东西两侧恢复了长廊。同时，修复了西路的荷花池，并堆叠湖石假山，傍立三友轩半亭，建成来青阁茶厅。西侧通向汤家巷的门庭也继续保留。庭院内，则设置了假山、水池、半亭、廊轩，花木扶疏，芭蕉摇曳，营造出了符合苏州园林特色的小花园。

2018 年 5 月，苏州市住房和城乡建设局又再次对此建筑第二进厢房进行了修复，主要包括两个轩、一个附房及三段走廊。由于年久失修，部分木构件糟朽劈裂，存在安全隐患，同时两轩及走廊普遍存在严重的白蚁虫蛀问题。此次修复对屋面进行

了揭顶维修，补配碎裂瓦片，并增设防水层；局部落架，更换糟朽虫蛀、结构不稳定的木构件，同时对整体木构件进行了白蚁防治。

建成中医药博物馆

2002年，整修后的“春晖堂”作为苏州中医药博物馆对外开放。博物馆面积一共800多平方米。开放之初，将400平方米的主厅用作展厅，两侧作为苏州市中医院的诊室，第二进作为“养生苑药铺”对市民开放。2011年，苏州市中医院搬走后，诊室和药铺也随即停办。现在，苏州中医药博物馆一共包含7个展厅，以历史发展为纲，由图版、文物、书籍、场景复原等展线铺开，对外展示藏品一共5000多件，形象直观地反映了吴中医学各个历史时期中医药发展的概貌及成就。

如今，走进苏州中医药博物馆正门，园林风光无限。匾额两侧有一副对联，上书：“良相何在，申府半街看盛衰；名医几多，吴门一叶颂古今。”这副对联，道出了博物馆所在地的历史及吴门医派的特色。正门右侧，则有《春晖堂修复记》碑刻，详细地讲述了这座博物馆的“前世今生”。追根溯源，即为“春晖堂者，吴人申时行故宅第之主厅也”。

中国传统医学倡导“杏林春晖，治病救人”的医德，一百多年前珠宝商杨洪源为这宅子取名“春晖”时不会想到竟与现在的用途如此合拍。

苏州历史文化资源非常丰富，名人故居很多。“春晖堂”这样一个散落民间的名人故居，被修复成为苏州中医药博物馆，是苏州古宅修复、保护、利用的最佳实践之一。苏州中医药博物馆既是科普教育基地，又是一个发扬传统文化的宣传展示、交流研究平台，这样的结合有益于提升整个城市的底蕴。

保护级别：苏州市文物保护单位
时　　代：清代
地　　址：景德路330号

庞氏居思义庄（绣园）
首批被列入《苏州园林目录》的私家园林

因刺绣大师沈寿而得名

绣园，坐落在苏州古城区马医科东段，与俞樾的曲园共守东西两端，其南边有鹤园、听枫园，离怡园也仅一箭之地。与这些相邻之园的占地面积相比，绣园可谓弹丸之地。

绣园建于清光绪元年（1875），此前也是历经三代园主。这里曾是清末词人郑火焯（1856—1918）的寓所讴园；刺绣大师沈寿曾在这里与丈夫一起创办“同立绣校”；庞氏接手后将此改为庞氏义庄，取名“居安”，后改为“庞氏居思义庄”。

郑文焯，字叔问，别署冷红词客，奉天铁岭人。25岁的时候弃官南游，客居苏州时，爱上了吴中湖山风月胜景，遂在苏以行医卖画为业，初寓马医科的讴园。

后来寓居苏州的书画家余觉、沈寿夫妇买

下了讴园。沈寿原名沈云芝，1874 年生于苏州一儒商家庭，从小随父亲识字读书，十六七岁时便成为苏州有名的刺绣能手。慈禧七十大寿时，他们献过寿屏，慈禧见了十分欣喜，称之“真乃针神也”。同年，余觉沈寿受清朝政府委派远赴日本进行考察，交流和研究日本的刺绣和绘画艺术，于是他们将园子出租于人。余觉、沈寿曾在此创办“福寿夫妇绣品公司”，内设“同立绣校”，余觉将主厅题名为“墨绣堂”，“墨”寓意书画，“绣”明指苏绣。墨绣堂的堂名画龙点睛地表达了庭院主人的身份、爱好和志向。

民国二年（1913）后，余觉由张謇委派到上海负责绣品公司，后因经营不善，公司亏损，余觉就以 4000 元将这座园宅作价给张謇，以此抵偿公司债务。后来，张謇又以 4500 元售与鹤园主人庞蘅裳，庞氏将此改为庞氏义庄，取名“居安”。民国初改为庞氏“居思义庄”，亦称“庞氏家祠”。

新中国成立后，庞氏“居思义庄”转为直管公房。1966 年由苏州市公房管部门对此进行整修后，取名“绣园”。绣园之所以用“绣”字来命名，还在于它沉淀了深厚的文化底蕴，特别是被人们称誉为“针神”的苏绣大师沈寿曾在此园教授过绣技，创立传世“仿真绣”针法。以后“文革”时期，绣园一度散居了几十户居民。

小园虽小，不觉其小

绣园园子不大，但它以水池为构图中心，可以说深得造园要领，一池三山、湖石、小桥错落有致，亭、台、轩、廊的布局随地势起伏安置得体，四季花木扶疏，相得益彰。

将房屋过户给社会力量前，苏州市公房管理部门再次对绣园加以整修。这一次修复，让我们得以重新窥见其造园艺术的精美。在这过程中，苏州市公房管理部门在实践中真正体会到修旧如旧和因势利导在古宅修复中的意义和作用。

绣园布局经典，虽小，却不觉其小。庭院南北窄东西长，是长方形园地。布局是较为典型的清乾隆中期的造园风格，以堂、轩、步廊等功能性建筑围合，并在堂下挖池，以池为园。堂、轩虽并列，却不同位，厅前轩后，厅是高大飞檐，轩稍低作卷棚，这样既能作为小园中主体赏景的所在，又不会和园中的自然气息相抵触。

此次修复时，注重还原了堂、轩、廊的统一木构，并注意色彩的搭配，取棕灰、黑、白等中性色彩，品味淡雅、宁静、安详。建筑整体结构造型空透、轻盈流畅，造就动感，园林建筑与周围的自然景致也就更加亲近、协调、融合。

堂下的水池，是整座园子的中心所在。挖出来的土全部堆在西南方向，创造出起伏的地形。再在上面修筑步廊，也有起伏高低曲折变化，让人在游园过程中有移步换景、小园变大的感觉。

在土堆高处筑了一座扇形半亭，可以俯视池水，位置与堂、轩互成对景相互呼应，于是扇亭成为全园的制高点、镇园的主景点。还有山石、植物、小品环池，美不胜收。

水池的池体也很讲究，堂基一段由整形的条石卧砌，其余岸线都以湖石块驳岸，都是石料，但形状、方向、大小却变化多端。随着驳岸的上下、左右错落，岸线的伸缩、收放，池水水形也随之变化，让人有水面变大、变辽阔的错觉。

特别有趣的是，东南方向有一座朴实无华的小桥，贴水凌波，分隔了水池水面。被分的一端水头藏于曲廊之下似水源头；另一面水则流至堂下，水域开阔处有三处湖石，体量虽小，却有点蓬莱三岛的意境。对比之下，感觉水池好像也变大了。

在绣园的庭院中，松、竹、梅、桃、李、杏、迎春、蜡梅、石榴等应时花卉应景而栽，常绿、落叶树种相配合宜，不失古庭院的面貌风韵。园中没有一株高大乔木，这是因为园小，所以必须要充分注意协调和视觉均衡。

绣园中还有一独特之处，即是轩后的壁山园。轩的后墙开了一个圆洞门，侧面轩墙上又设置了漏窗，使得两处可以透过洞门、漏窗互换信息。壁山园的构筑，拓展了绣园的空间。一个水园、一个山园，互诉衷肠，园中有园，空间延伸了，内容丰富了，意境也更深远了。

私家园林首次被拍卖

修复后的绣园以800万元人民币售出，成为私人宅第。后来几经转手，有过多次修复。当然，部分楼宇的名称已发生了一些改变。2015年8月，这处房产以“绣园”为名被列入第一批《苏州园林目录》，同批入选的33座园林中私有园林仅4处，由此可见其类型和资源的稀缺。

绣园再次引人关注源于一场网络司法拍卖。2016年8月，因为摊上了借款合同纠纷，作为抵押担保物，法院在司法拍卖（变卖）网络平台上对绣园进行拍卖、变卖，这是苏州法院首次对园林房产进行拍卖。首次拍卖流拍后，二拍经过309轮竞价，起拍价2900万元的绣园被一位来自外地的神秘买家以6525万元竞得，溢价达到惊人的3625万元。绣园原先就用于居住，保存相对完好，又具有极高的历史价值和文化价值，因此对于买家来说物有所值。

私人园林跟别墅差不多，按照《苏州园林保护条例》规定，像绣园这样的私人园林只要向园林主管部门备案，过户及产权转移没有任何限制。唯一的限制就是不能改变园林原有的格局，装修要做到修旧如旧。

园林和刺绣是苏州的两张城市名片，绣园在传承园林造艺和刺绣历史方面都具有极高价值，未来希望这座园林古宅能够在保护和利用中“活起来”。

保护级别：苏州市控制保护建筑
时　　代：清代
地　　址：姑苏区马医科27、29号

潘世恩宅（留余堂）

状元故居里的状元博物馆

潘世恩一脉，苏州民间习称为“贵潘”，以一状元、八进士、十六举人，成为清代姑苏官绅典型代表，有“祖孙父子叔侄兄弟翰林之家”之誉，享有“天下无第二家”之称，是苏州最为显赫的家族。

嘉庆十四年（1809）时，潘世恩为奉养老父潘奕基，购得凤池园西部修为宅第，园名照旧未改，大厅额题“留余堂”，所以此宅系原凤池园遗址的一部分。

据同济大学20世纪50年代的测绘资料显示，当时“留余堂”占地6000余平方米，前为三路六进住宅，后为园池。1958年潘宅归公，30多户居民分割入住，房屋建筑破败不堪。20世纪60年代，潘宅花园被工厂占用，填池毁绿建造楼房。

早在1963年，苏州市政府就已将潘世恩故居认定为市文物保护单位，2006年6月升级为江苏省文物保护单位。苏州市公房管理部门曾于1982年、2003年两度对此旧宅进行整修。1982年，苏州市公房管理部门对三座门楼进行了修复。当年重修的还有西落第二进的纱帽厅，并从金狮河沿某宅移建了花篮厅等。

在2011年市委、市政府启动的古建老宅修复工程中，潘世恩故居被列为首批试点项目。经过搬迁等前期工作，实施单位从2011年12月正式开工整修，历时一年有余，于2013年8月竣工。

潘世恩故居在整修前，属苏州市住房和城乡建设局的直管公房，建筑面积1400余平方米，有公房承租户38户，其中的纱帽厅和花篮厅则为市住建局的古民居保护领导小组办公室的办公场所。

为更好地传承、保护和利用古建老宅，在对潘氏老宅完成保护修复的基础上，2014年在潘世恩故居内设立了苏州状元博物馆，并于同年11月正式对公众开放，这里现在还是“江苏省廉政教育基地”“苏州市廉政教育基地”“党员学习教育基地”和“未成年人社会实践体验活动站”。

状元群体是苏州吴文化一道亮丽的风景线，也是一种独特的文化现象。在状元故居设立状元博物馆，对于传承文化是一件天时地利人和的事。

保护级别：江苏省文物保护单位
时　代：清代
地　址：平江路钮家巷3号

中张家巷沈宅（苏州评弹博物馆）

江南最雅的书场

位于中张家巷3号的沈宅为清代建筑，曾作为振亚丝织厂的招待所使用。苏州市公房管理部门收回后，于2004年进行修复，当年6月，该宅被辟为苏州评弹博物馆对外开放。

沈宅一路三进。第一进为面阔三间门厅，穿斗式梁架。第二进为面阔三间带两厢大厅，前有一枝香鹤胫轩接船篷轩，进深八界，扁作精雕，抱梁云、山雾云皆雕刻精美。第三进为面阔三间带两厢楼厅，门窗、地坪保留。天井内清水砖雕门楼保存完整。款识："丙子冬月"，

光前
先裕社啟後箴言耀藝壇

滄浪亭御前彈唱垂青史
裕後

余静中书“福履缙之”。门厅后有光裕社纪念塔，部分为原件。

合理的使用，是对老宅最好的保护。苏州评弹博物馆在使用中，非常注意防火、漏水、白蚁等方面的问题，尽力保护好古建筑。现在，这个古色古香的宅子，被誉为江南最雅的书场。

保护级别：苏州市文物保护单位
时　　代：清代
地　　址：中张家巷3号

潘祖荫故居

南北民居完美结合的建筑典范

西接临顿路、东连平江历史古街的一条安静小巷深处——南石子街5—10号，即是潘祖荫故居。

潘家门庭显赫，是清朝吴门四大家族之一，俗称“贵潘”。潘祖荫藏书十分丰富，还酷嗜金石，尤其注重吉金，所藏钟鼎彝器之类多达五百余件，成为当时收藏吉金的第一家。他收藏的国宝级文物大盂鼎目前存放在中国历史博物馆，大克鼎目前存放在上海博物院，都是我国青铜器藏品中的至尊。

潘宅的主人其实是潘祖荫的伯父潘曾莹。道光十四年（1834），潘曾莹的父亲，也即潘祖荫的祖父——状元宰相潘世恩，得到御赐圆明园宅第的恩赏。于是潘曾莹将南石子街旧居，特仿其父潘世恩京城御赐第格式，进行改建。改建后的潘宅规模宏大，虽为潘曾莹所有，但潘祖荫、潘祖年也在此居住，又因为这里藏过潘祖荫留下的国宝，所以被认定为潘祖荫故居。

宅子原共分三路五进，中路各进皆为楼屋，两侧是厢房走廊，连通成走马楼式，其间庭院宽敞，气势宏大，带有很多北方特色。同时，

潘宅的江南民居特色也很鲜明，整个院落粉墙黛瓦，房子开间窄而深长，内部屋顶都是砌上明造，梁架直接暴露，并且有众多精美木雕，是南北民居完美结合的建筑典范。

第四进与第五进是典型的“走马楼”格局：东西两侧楼上楼下都可以通过回廊走通。在二楼回廊的墙壁上，还有两处圆形窗户，内置一块可推拉的大方砖，有通风、采光的功能，这在苏州古建中所见极少，目前仅发现潘宅一处。

老宅西路第四进的风火墙上，还有一块保存完好的砖雕，上面刻有“媚玉辉珠”四字，出自嘉庆年间，是这所宅子里保留最好、最有价值的东西。

上世纪 50 年代，潘宅划归苏州市公房管理部门管理，其中东路（含花园）和中路后半部先后租赁给苏州床单厂及其招待所。

2003 年，潘祖荫故居被列为苏州市控制保

二楼回廊墙壁上的圆形窗户，内置一块可推拉的大方砖，有通风、采光的功能。

护建筑。2010年，苏州市住房和城乡建设局完成租赁户的腾退工作，并制定了修缮和利用方案。2011年，这里和其他11处古建筑一起，被列入苏州市首批古建老宅保护修复工程名录，于当年年底重新制定修缮方案并开工。

在潘祖荫故居保护设计之初，负责修复工程的工作人员就先后走访了潘祖荫的后代和故居内的居民，并组织专家挖掘大量历史资料，为修复保护寻找历史依据。在修复的过程中，他们还聘请了古建、历史、民俗、文化、园林等多方面专家组成古宅修复工程顾问组，并严格以1958年著名古建筑专家陈从周对潘祖荫故居的测绘图纸和所拍照片为依据进行深入还原。因此，无论是建筑格局，还是砖雕的花纹、窗户的式样、用材，都保证了原汁原味。

2014年6月，修复一新的潘祖荫故居被改造成了一家园林式文化精品酒店“苏州文旅探花府花间堂”，为古宅保护再利用做出了新的探索。

老宅西路第四进风火墙上的砖雕，上面刻有“媚玉辉珠”四字，出自嘉庆年间。

保护级别：苏州市控制保护建筑
时　　代：清代
地　　址：平江历史街区南石子街5—10号

柴园

园林里的苏州教育博物馆

柴园是小巷深处的一处中国古典园林建筑，最初是清道光年间姑苏绅士潘曾琦建的宅园。光绪年间，曾任两淮盐运使的柴安圃购得该宅，又重修扩建，人称“柴园”。

抗日战争爆发后，柴园渐散为民居。20世纪50年代，苏州南区人民政府曾驻此办公。1957年后苏州市盲聋学校迁入使用。1990年，学校改名为苏州盲聋哑学校，直至2010年异地新建寿桃湖畔校舍后迁出。1982年被列为苏州市文物保护单位。

2012年2月，苏州市住房和城乡建设局同意该处使用单位启动柴园修复工程。根据陈从周教授20世纪50年代对柴园的测绘图，以及借助其他有限的历史文献资料，对柴园内原有的古建筑，如启道楼、水榭、鸳鸯厅、旱船舫、门厅进行全面修复；拆除原教学楼，依据历史原貌恢复楠木厅、藏书楼、西厅等建筑；拆除原学校操场，按传统布局恢复中路的中厅、大厅和东路的附房一、附房二、附房三；保留原有荷花池并加以改造，新增西池以及湖石假山、园路园林植物及园林小品等。

修复完成后，如何“活态化”利用是关键。其实早在修复之初，

柴园就在筹备苏州教育博物馆事宜。让修复后的柴园以教育博物馆的全新面貌呈现，展现苏州整个教育历史的发展进程，这是柴园保护利用的关键所在。

现在，柴园已经摇身变为苏州教育博物馆，它既是一座专题博物馆，又是一个古典园林景点，两者有机融合、相得益彰，兼具文物展示和园林保护的功能。

保护级别：苏州市文物保护单位
时　　代：清代
地　　址：醋库巷 44 号

富郎中巷吴宅

古建专家曾为之着迷的老宅

富郎中巷吴宅北临干将路，建筑坐北朝南，原为三路五进大宅，现仅存三路四进，第五进堂楼已被拆。

20 世纪 50 年代，同济大学陈从周教授曾对吴宅进行实地考察，并被它折服，亲自为其拍照、绘制平面图。吴宅建于清末民初，建筑东西两侧朝南突出，中路缩进，呈“凹”字形，南立面的清水墙则充分体现了建筑精细工艺。

富郎中巷 22 号为中路，也是吴宅的主体，依次为八字墙门、轿厅、大厅、楼厅，均为五开间。轿厅背后屋檐下有一座砖雕门楼，刻有

“富贵寿考”四个字。大厅面阔 20.9 米，进深六檩 9.9 米。梁架、楣川及轩梁均采用拱形月梁做法，明显不同于传统苏式建筑风格，倒是与同时期徽浙部分建筑做法有很多相似的地方。

在经历了多次变迁后，老宅的许多地方不可避免地受到了破坏。2009 年，苏州市公房管理部门动员在此居住的居民进行搬迁，并修复了大厅。后转让给姑苏区政府进行保护利用。

保护级别：苏州市控制保护建筑
时　　代：清代
地　　址：富郎中巷 20、22、24 号

况公祠

古有『况青天』，今为廉政教育基地

况锺（1383—1443），便是昆剧《十五贯》中大名鼎鼎的“况青天”。他在苏州知府任上达13年之久，政绩卓然，清廉公正。

况公祠是纪念况锺的专祠，始建于清道光六年（1826），原址为五显庙，况锺曾于丁忧期间在此读书会客。清同治十一年（1872）重建，民国二十二年（1933）重修。民国三十五年（1946），在况公祠开办私立苏民中学附属小学。1956年，改为西美巷小学。1963年，况公祠列入第一批苏州市文物保护单位。

况公祠大门面东，砖细门楼上有况公祠横额。现存两进，硬山式享堂坐北朝南，扁作梁架，有前翻轩，面阔三间13米，进深11米。堂南有戏台相对，前台5米见方，高出地面约0.8米，三面敞开，顶作歇山式，南面与三间后台相连，前后台总平面为凸字形。享堂西有院落两重，内有楼两进和船厅一座，南部尚有东向房屋三进。

况公祠曾于 1993 年至 1994 年大修，后改造为沧浪区图书馆。2002 年，再次大修后，作为沧浪区文化活动中心对外开放。2014 年，因该处古建筑保护情况不容乐观，苏州市住房和城乡建设局决定收回并制定了相关修复方案。2018 年，出租给市纪委作廉政教育基地。

保护级别：苏州市文物保护单位
时　　代：清代
地　　址：西美巷 31 号

绣线巷张宅

小巷深处的“恒和”老宅

绣线巷张宅建于清咸丰年间，原主人为江南巨富、南浔“四象”之一的张颂贤后裔。张家以经营辑里湖丝和盐业发家。因经营恒和丝行出名，人称张家为张恒和。

张宅坐北朝南，现存两路二进。西路依次为门厅、客堂。砖雕门楼上刻字“汔可小安”，题额为咸丰辛酉（1861），落款为陆润庠。东路楠木花厅面阔三间 10.3 米，总进深 11.8 米。卷棚顶，扁作雕花梁，前后船篷轩。垂篮、挂落、长窗等较精细。前院山石嶙峋，花木茂盛。

原建筑风貌基本完整，但花厅及东西厢房因年久失修、缺乏保养和后期使用不当等，屋面、地面、墙体、门窗等均有损坏。2019 年 6 月，苏州市住房和城乡建设局对绣线巷张宅进行了保护性修复，对屋面进行了揭顶维修；更换了损坏的木构件，并将歪闪的花篮归位；对花厅南侧庭院及北侧天井作了修整。

修复后的张宅现由苏州市老科技工作者协会租赁作办公之用。

保护级别：苏州市控制保护建筑

时　　代：清代

地　　址：绣线巷 13 号

铁瓶巷任宅

晚清苏州名士宅院“颐寿堂”

仁德坊任道镕故居即颐寿堂，原在铁瓶巷，故文保碑名“铁瓶巷任宅”。任道镕（1822—1906），光绪二十七年（1901）退居苏州，光绪二十九年（1903）购得徽商汪氏废园，改建为“颐寿堂”，营为别业。该处建筑是任道镕的日常生活场所，为晚清苏州名士宅院之一。

故居分为两路六进，正路偏西，依次有门厅、轿厅、大厅和三进堂楼，以及前后厢房等。西侧有前后花厅各三间，南北相对，东以步廊相连，属对照厅，西厅后面为书房，庭中原有山石花木。东路以南向花厅三间居中，厅内银杏木雕明人书画屏门甚精。东侧为书楼，西侧为船轩。园南原有方亭与花厅相对，亭东毗连沿墙长廊，折北贯通书楼，廊壁原嵌有董其昌所书清晖堂碑帖十卷。原有砖刻门楼五座，1966 年后遭破坏，现仅存一座。园内亭廊、山石、水池、花木、碑刻俱废。

1992 年至 1994 年因拓宽干将路，故居南面第一进建筑被拆除。同时对正路轿厅及西路对照花厅之南厅进行维修，作为苏州书店营业部。

任宅建筑为苏州具有代表性的清代住宅之一，全宅建筑布局结构基本完整，但因曾散为民居，内外装修受损，功能较之原貌，已经多有变化且基础设施残缺，年久失修，多处存在安全隐患，已无法继续供居民居住使用。为合理保护和利用古建筑，苏州市住房和城乡建设局多方筹措资金，通过公房置换、资金补贴等方式，完成了租户的搬迁工作。

2019 年初，苏州市住房和城乡建设局组织对任宅建筑进行保护性修复，在保证西路楼厅的建筑安全及用电安全的同时，恢复其传统风貌；拆除后期搭建，保留原有建筑；对两进楼厅进行揭顶维修，对连廊落架维修；天井环境也进行了整治。

任宅修复后，其使用功能将由房屋租赁改为工作室、展示等用途，因而此次修复还结合业态使用需求，调整内部隔扇，合理分隔室内空间。同时在不影响文物建筑安全的前提下，尽可能完善基础设施，以期实现保护和利用的双赢。

保护级别：苏州市文物保护单位
时　　代：清代
地　　址：仁德坊 4 号

闾邱坊巷程宅

小巷旧宅重现原貌

闾邱坊程宅建于清代，民国时为银行家程继高所有。南向三路五进，中路第三进为大厅，三开间，双翻轩，梁雕花。第四进为三间带两厢两层楼。第五进为民国初改建的西式楼房。西路有一砖雕门楼，已遭损坏。

该建筑一直以来由邮政部门租赁作为退休职工活动中心使用。因年久失修、缺乏保养以及不当改造等破坏了建筑原有的风格，因此整体建筑风貌较差。2020年，苏州市住房和城乡建设局收回后进行了保护性修复，恢复了建筑原貌。

保护级别：苏州市控制保护建筑
时　　代：清代
地　　址：闾邱坊巷46、50号

人民路马宅

近代制帽商人马天一的旧居

人民路（通关坊）马宅，是苏州近代制帽商人马天一的旧居，苏州解放后由政府收回。为典型的苏式庭院，现只存楼厅及庭院。楼厅垂篮、挂落及长窗等制作精细，庭院花砖铺地，整个宅院小巧精致，颇符合古人的审美情趣。

2004 年，苏州市公房管理部门曾对其进行保护性修复。现由苏州市文学艺术界联合会租赁作办公用房。

保护级别：苏州市控制保护建筑
时　　代：清代
地　　址：人民路 148 号

曹沧洲祠

清末名医行善乡邻

曹沧洲，吴门医派代表人物，曾在瓣莲巷坐诊。曹沧洲祠，就是当年为了纪念他而建的祠堂，砖雕门楼的飞檐上刻有“俭以养德”“厚德载福”八个字。如今整个建筑只剩下门厅、享堂和东厢楼，均属苏州市住房和城乡建设局所有的直管公房，一直由社区租赁使用。2020年5月，对曹沧洲祠进行了保护性修复。

保护级别：苏州市控制保护建筑
时　　代：民国
地　　址：瓣莲巷4号

天和药铺

苏州历史上首家行店合一的药铺

天和药铺，创设于清光绪十一年（1885），是苏州历史上首家行店合一的药铺。店铺门楼，以条石为门框，上有砖刻门额“天和药铺”四个大字。门旁有铭牌，上书“天和堂药铺旧址”。现由社区租赁使用。

建筑为一路三进，门厅不大，穿过砖砌门框的门隔，便可进入第二进，中间为宽阔堂屋，两侧是花格门窗的厢房。第三进为两层堂楼，底层为开阔三大间，后有木质楼梯可上二楼。

因年久失修，目前天河药铺已被列入危房，不适合继续使用。苏州市住房和城乡建设局已将该建筑纳入古建筑修复计划，一旦完成手续，即可进行保护性修复，并实施活化利用。

保护级别：苏州市控制保护建筑
时　　代：清代
地　　址：山塘街 374 号

市立医院本部民国建筑

讲述治病救人的情怀

该民国建筑位于市立医院本部内，为二层混合结构西式建筑形式。2018 年，苏州市住房和城乡建设局对该民国建筑进行了保护性修复。现由市立医院本部作院史馆之用，馆内以数百张照片资料、数十个实物展示柜、百余件珍贵的史料和物件以及视频影像，将 70 多年医院发展、变革历程呈现于众。

保护级别：苏州市控制保护建筑
时　　代：民国
地　　址：道前街 26 号

同益里、同德里

民国风情依旧的网红地

2019年3月，都市情感剧《都挺好》热播，作为取景地的同益里、同德里突然成了网红，每天造访的人络绎不绝，可谓火了一把。

同德里是苏州城区中部的一条巷弄，与相邻的同益里组成民国建筑群。同德里位于言桥西南，同益里之北，东口隔五卅路与草桥弄相望，西端南通同益里。

同益里和同德里均属上海式石库门、两层砖木结构里弄，共有19幢西式洋房，石库门21座，是目前苏州古城内较为少见、保存相对完好的纯居住民国建筑群。

20世纪50年代后期起，这里改为苏州专署机关干部居住区，共有127户居民，平均每个石库门住有4户居民。除同德里1号及同益里2号内有一户为私房外，其余均为直管公房。

经过70多年的岁月侵蚀，民国风格的建筑隐没于居民的洗涮当中，由于年久失修，建筑立面部分严重破损，有的局部已出现裂缝和墙面剥落，许多清水砖墙面被白灰所覆盖，墙面斑驳、破损随处可见。

2007年，同益里、同德里特色街巷综合整治被列为政府实事工程，苏州市公房管理部门积极配合。这儿的改造不但要满足居民的生活需要，同时还要保留下民国建筑的风格。通过倾听民众和专家的意见，综合各方的力量，整治工作于2007年11月28日正式开始。

整治工作以“修旧如旧”为原则，最大可能地突出原汁原味的古典街巷风貌。在生活设施明显优化、服务功能不断提升的基础上，苏州市公房管理部门按照文物保护要求在市政立面、庭院小品等方面进行了特色整治，并对原构件最大可能地使用，以求尽可能多地保存历史信息、历史遗物，如实反映历史遗存。除了外貌上的更新外，通过一系列整治，生活设施也明显优化，服务功能得以不断提升。

2010年以来，针对同益里、同德里房屋建

筑存在的结构损坏等情况，每年都安排进行解危修缮，累计修缮的面积达2600多平方米。在解除房屋危险、改善居住条件的同时，始终保护和传承了同益里、同德里的特色街巷风貌。

同益里、同德里的综合整治和解危修缮，可谓是具有历史意义的。建筑外在的传统与内在的现代有机融合在一起，再加上老苏州人一如以往的生活习惯，当地文化就“活”起来了，这样的保护和利用才是真正可持续的。

保护级别：苏州市文物保护单位
时　　代：民国
地　　址：五卅路北

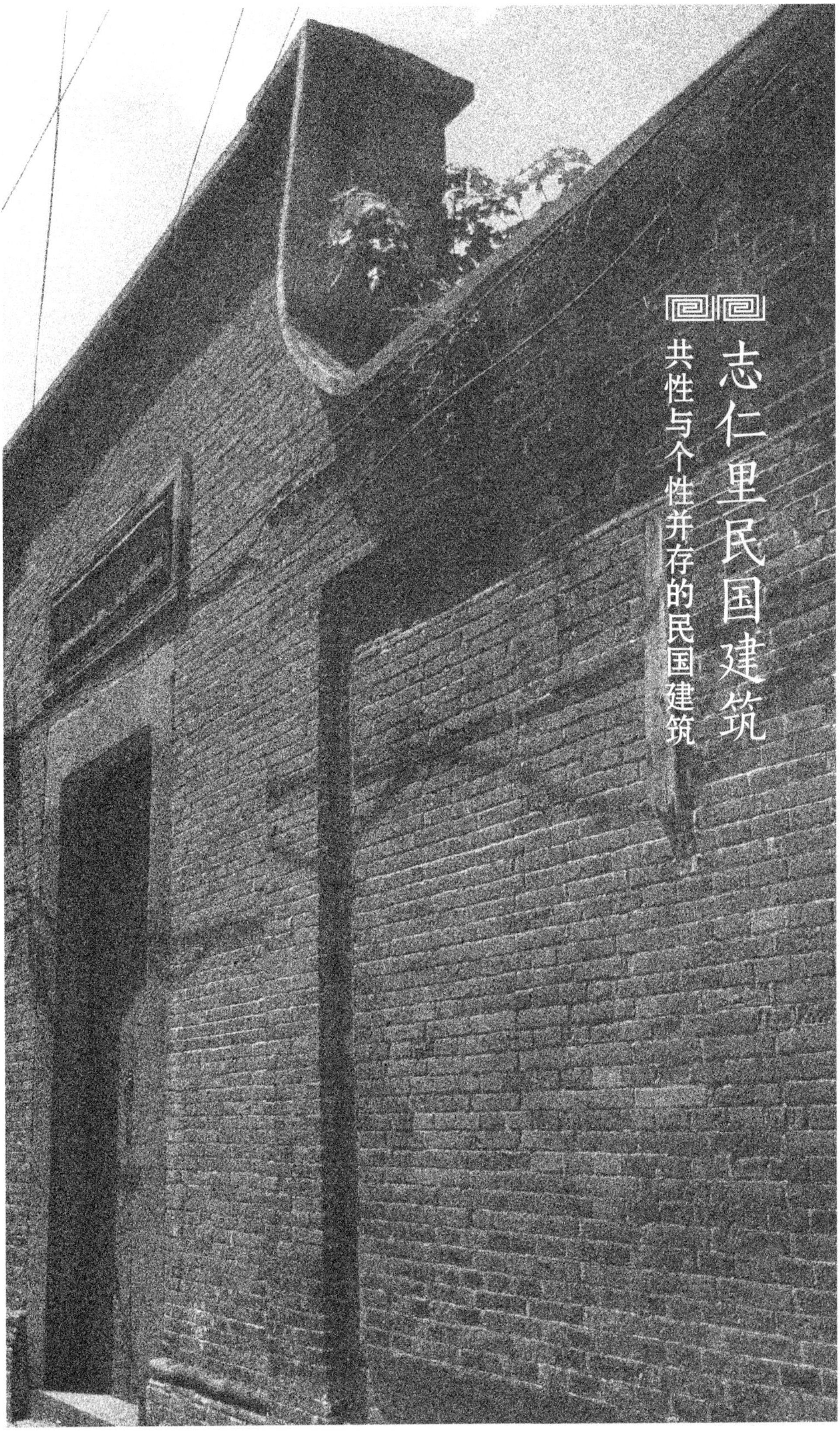

志仁里民国建筑

共性与个性并存的民国建筑

志仁里地处姑苏古城西北角阊门内下塘，东接仓桥浜，西至浒溪仓，全长 166 米。关于这里的记载并不太明晰，据说清咸丰年间曾被大火毁于一旦。20 世纪 20 年代，有位阙姓商人偶得一幅宋代名画，卖出后得了一笔巨款，于是在此购地置房。

这座于 1923 年 5 月建成的住宅新村，平面布局呈曲尺状，整个建筑群坐北朝南，其间形成两条自然街巷，以过街楼相连。整个新村小区既有西洋建筑痕迹，也保留传统木结构建筑，既有高档楼房，也有普通平房，类型丰富、品类齐全，规划意识明显，其考虑居住人群的结构搭配似乎极具现代社会人文理念。建成后，房屋基本租赁，成为当时该地段商铺及银行经

营者和从业者的首选，是民国时期苏州房产租赁的规模化代表。

2009年，志仁里作为一处较为典型的民国早期房地产开发项目的住宅新村，入选国家文物局主编的《2008年第三次全国文物普查重要新发现》，是年7月被市政府列为第六批苏州市文物保护单位，2011年12月，志仁里民国建筑被省政府列为第七批江苏省文物保护单位。

2012年，苏州市住房和城乡建设局对志仁里进行了地毯式旧街坊改造。这一类的旧房老宅修复工程颇有些难度。一是建筑本身的多样性和产权归属的不一致，致使整个片区的修复并非如其他古建老宅一样可以全面进行，只能从点点滴滴着手，既要修理修复，还要不太影响居民的日常生活，同时要和住户家里有人留守的时间配合。二是岁月更迭，原来的住户早已几经轮替，内部结构改动很大，所以修复项目主要是外部，包括屋顶、墙面以及公用设施管线的更新；同时也对内外墙部分进行了修补和粉刷，以尽量恢复其原貌。

差不多100年前，志仁里曾经以它古朴典雅、简洁流畅、富于变化、共性与个性并存的建筑风格特征，创造出一种前所未有的市民生活方式。今天，它处在这座古城一个偏僻的角落，寂寂独守，给人以平静安逸的感觉。

保护级别：江苏省文物保护单位
时　　代：民国
地　　址：阊门内下塘

日本领事馆旧址
记忆留存在苏州唯一的租界里

南门路上的第一丝厂内，有一幢民国风格的老洋房，这就是苏州日本领事馆旧址，建于1925年。1945年，日本战败，领事馆随之撤销。整幢建筑保存完好，曾作为第一丝厂的办公楼使用。1991年被列为苏州市文物保护单位。

领事馆主楼为砖混结构两层西式建筑，平面略呈正方形不对称，外墙扁砌红砖，花岗岩石勒脚，屋顶随墙体走向分成不同朝向不同样式的坡面，并铺设红色平瓦，其中一个坡面上还开有曲线形老虎窗。

楼内布局，中间为前厅，办公室环列四周，前厅西侧有一转角楼梯通往二楼。二楼楼层房间分布基本同一层。主楼内还有一小型地下储藏室。除主楼外，西面还有两排与主楼风格相似的红色平房，应是当年领事馆的警卫室和禁闭室。

新中国成立后，该处建筑收归国有，属直管公房，后出租给第一丝厂。现出租作玉石展览馆之用。

保护级别：苏州市文物保护单位
时　　代：民国
地　　址：南门路94号

蒋纬国故居

丽夕阁里的青葱岁月

南园宾馆内的丽夕阁，即为蒋纬国故居，是蒋介石二夫人姚冶诚与蒋纬国在苏州的居所。1929 年落成，当年门牌号为蔡贞坊七号。苏州解放后，该处由政府接收。1952 年，南园宾馆成为苏州市国宾馆。此后数十年中，一直主要承担外事接待任务，不少国内政要也曾入住丽夕阁。

丽夕阁为三层楼三开间的青砖洋房，四周环有荷花池、假山、凉亭，园中遍植果树、花卉。一楼大厅宽敞气派，陈设典雅复古，二楼原为姚冶诚与蒋纬国住宿和会客的地方。

2005 年，丽夕阁经过一次保护性修复和加固，装修风格仍保持民国风情，目前保护利用状况良好。该建筑属苏州市住房和城乡建设局直管公房，现由南园宾馆租赁使用。

保护级别：苏州市文物保护单位
时　　代：民国
地　　址：十全街 249 号

外五泾弄近代住宅

西班牙风格的花园大洋房

原为谢氏别墅，民国建筑，三层式花园大洋房，为典型的西班牙风格。外立面门窗均凹进，打破了传统立面的单一。木制朱红色门窗框，窗下均有精美浮雕装饰。大厅彩色瓷砖铺地，二楼门框上部有进口马赛克贴面画装饰，整体感觉质朴温暖。该处建筑为苏州市住房和城乡建设局直管公房，曾租赁给饭店经营使用，现由苏州胜利科技有限公司租赁使用。

保护级别：苏州市文物保护单位
时　　代：民国
地　　址：阊门内下塘外五泾弄6号（阊门饭店内）

蔼庆堂（任道镕旧居）

既有“古典园林”之誉，又居古宅民居之首

任道镕旧居位于苏州古城王洗马巷内，为清代后期苏州典型传统建筑。清光绪年间，山东河道总督任道镕辞官回乡暂居此处。民国初年为富商万氏购得，因此也被称为万氏花园，是一处典型的园林宅第。原为三路四进，东路为花园，布局精巧，为刘敦桢、陈从周等著名学者所推崇，国内外的多篇古典园林论著也屡屡对其做过介绍。现存中路四进和东路花园，基本保存了这座园林宅第的精华部分。在《苏州市志》中，它与拙政园、留园等 27 座名园共享“古典园林”之誉；而在“宅第民居”中，又被列为 19 处典型古宅民居之首。

苏州解放后，任道镕旧居曾先后为美和布厂、大众染织厂及疗养院等使用。20 世纪 50 年代调查登记时，宅园建筑还较完整，花木繁密，但装修已被拆除，部分假山也已损坏。后散为民居。“文革”期间，东部园中方形小墨池被填平。1979 年，园中最精华之处——楠木厅藹庆堂被拆除，改建为多层住宅楼，这大概是这座宅院最为遗憾之事。上世纪 80 年代，任道镕旧居被列入苏州市第一批控制保护建筑。改革开放期间，假山被移

至美国纽约大都会博物馆“明轩”内。

2003 年，在 16 号街坊改造后期，苏州市公房管理部门对该处 59 家承租户、2 家单位，历经十余年，分三期实施了搬迁。之后苏州市公房管理部门按照修旧如旧的原则，反复推敲保护修复方案的设计与细节，经文物部门批准后，对该处建筑进行了保护性修复。2014 年，任道镕旧居产权办理到出资社会力量名下。2013 年，任道镕旧居被列入苏州市文物保护单位；2015 年，被列入第一批苏州园林名录；2019 年，升格为江苏省文物保护单位。

《苏州市古建筑保护条例》在第 15 条中鼓励国内外组织和个人购买或者租用古建筑，允许古建筑作为参观游览和经营活动场所，规定古建筑不得超负荷使用，应逐步迁移居住人口，改善居住环境。任道镕旧居的产权转让保护就是此项措施的一个成功实例。

保护级别：江苏省文物保护单位
时　　代：清代
地　　址：王洗马巷 7 号

费仲琛故居

吸收社会力量保护和利用老宅的典型

费仲琛故居位于桃花坞大街176号，据传曾是唐伯虎故宅，现宅由清末名翰林、书法家费屺怀于光绪十七年（1891）所建，宅院精致典雅，花厅四壁的石刻曾在江南十分有名。1923年，费仲琛（1884—1935）购得此宅并大加修葺。

费仲琛，吴江同里人，光绪进士，书画家、南社领袖，晚清著名诗人柳亚子的表舅。他是20世纪30年代苏州最有名望的文人之一。

费宅坐北朝南，东宅西园，门厅三开间，经门厅、轿厅后即达正厅“宝易堂”，所以费宅有“宝易堂”的叫法。抗战时，费家人多避难沪上或远去内地，宅内家具被人趁战乱时搬走。1940年，费宅转卖给赵姓的上海资本家，宅内曾开办过小学学堂，名为新华。新中国成立后旧宅产权多数收归国有，就将原学堂改为新华小学，继续办学。后来因为火灾，后面两进楼堂被毁，翻建为砖混结构三层教学楼。而门厅、桥厅因为后来一度为苏州长城电扇厂用作门市修理部，也得以幸存。

“文革”期间园内鱼池被填、亭子被拆，砖雕门楼上陆润庠所题“廉禄缓厚”“受福宜年”的砖细匾额遭受破坏，但宅布局仍在，建筑幸存。“文革”后，中路后三进建筑毁于火灾。

上世纪 90 年代，苏州市公房管理部门将中路三进及西路建筑产权发还给赵姓后人。

2003 年，台湾古画收藏家许宗炜于赵姓后人手上购下中路三进及西路四进绝大部分产权，并更名为桃坞别院。该建筑中路第四进楼厅属苏州市公房管理部门的直管公房，2008 年，苏州市公房管理部门对其 9 户承租户实施了搬迁，后将该楼厅转让给许宗炜，由他进行整体修复。2017 年，欧阳俊东从许宗炜手上购下中路四进及西路四进所有产权。

2017 年 7 月，苏州市计成文物建筑研究设计院有限公司受业主欧阳俊东委托对其产权下的 176 号费仲琛故居中路、西路四进建筑进行了现场勘测。故居曾为办学场所，后又为多户居民散住，同时由于自然力影响，整体残损破旧，年久失修，建筑的结构情况已不容乐观，亟需进行抢救性修复。

2017 年 8 月，费宅修复工程正式动工，总投资近 700 万元，

分四期进行，包括中路门厅、轿厅、大厅、楼厅及西路附房、贡式厅、船厅、小姐楼、后花园、鸳鸯厅及花厅。2019年底，工程完工，基本再现了昔日繁华盛景。

桃花坞费宅属于2号老街坊，这是苏州古城内迄今保存较为完整的一个区域，文化底蕴深厚，古城氛围浓重。但好多文物保护单位和控制保护建筑为民居或工厂学校所使用，产权关系复杂，建筑年久失修，格局不尽完整。如何展示城市历史文化，将这些建筑有计划地修复，并古为今用，让老街坊在历史环境中找到传承的空间环境，费宅即是一个良好开端的试点。就此而言，这也说明了费宅修复对于古宅保护的示范意义。

保护级别：苏州市控制保护建筑
时　　代：清代
地　　址：桃花坞大街176号

后记

苏州是一座历史文化名城，直管公房中有相当多的建筑都是有一定保护价值的古建筑。由于时代动荡变迁和年久失修，直管公房中的很多老宅受到不同程度的毁损。多年来，苏州市住房和城乡建设局或凭借自身优势，或吸收社会力量，或提供给使用单位，多方合力，以“修旧如旧”为基本原则，对这些老宅进行了抢修保护，并根据每座宅子特点进行利用，以期实现“活态化”保护。

当我们重新审视这些承载了苏州历史文化和建筑艺术的老宅时，萌发了记录下它们的过去、现在和未来的设想。经过一年多的研究、整理、考察、撰写，现在终得成稿。《满庭芳菲燕归来——姑苏老宅重现实录》一书中，有大户人家的人文故事，有黛瓦粉墙的雅致生活，还有久别重逢的不胜欢喜。每一个老宅的前世今生，都值得细细说道，限于篇幅，本书我们选取了36座老宅为实例进行实地考察并摄影，同时参考这些老宅保护修复时的相关方案和资料，力求较为全面地展现直管公房中古建筑保护修复的迫切性、复杂性、必要性和重要性。

在本书的编撰过程中，曾参与这些老宅保护修复的工程人员或提供资料，或详细介绍，或亲身带领，在此向他们表示感谢。其中一些老宅由社会力量参与保护修复利用，还有一些老宅保护修复后出租给相关机构使用，这次实地考察过程中也得到了他们的大力支持，在此一并表示衷心的感谢。同时也深切感谢为本书付梓辛勤工作的同事们，感谢文汇出版社。

我们力求实事求是、客观真实地记录姑苏老宅的重现，由于时间和水平有限，本书难免有疏漏、错失之处，敬请各位方家批评指正。

苏州市住房和城乡建设局
2021年1月

主要参考资料：

1.《苏州旧住宅》，陈从周编著，上海三联书店，2003 年

2.《苏州古民居》，苏州市房产管理局编著，同济大学出版社，2003 年

3.《古宅品韵——苏州传统民居文化纵览》，沈庆年编著，苏州大学出版社，2013 年

4.《长物志》，［明］文震亨著，中华书局，2012 年

5.《苏州民居》，俞绳方撰文 / 俞绳方等摄影，中国建筑工业出版社，2016 年

6.《礼耕堂》，徐进亮主编，古吴轩出版社，2011 年

附录：

苏州市属直管公房中文物保护单位名录

序号	名称	保护级别	年代	地址
1	卫道观前潘宅	国保	清	卫道观前民生里
2	艺圃	国保	明	十间廊屋 10 号
3	拙政园	国保	明、清	东北街 178 号
4	三茅观巷沈宅	省保	清	三茅观巷 26 号，宋仙洲巷横巷 4、6 号
5	志仁里民国建筑	省保	民国	阊门内下塘志仁里
6	蔼庆堂	省保	清	王洗马巷 7 号
7	文起堂	省保	明	干将路 706 号
8	大石头巷吴宅	省保	清	大石头巷 35、35—1、36、37 号
9	怡园	省保	清	人民路 343 号
10	畅园	省保	清	庙堂巷 22 号
11	尚志堂吴宅	省保	清	西北街 56、58、64 号
12	长鋆村	市保	民国	长鋆村 2、3、4、5、8 号
13	吴振声故居	市保	民国	西百花巷 23 号（一层）
14	太平天国军械所遗址	市保	清	马大箓巷和平里
15	陆润庠故居	市保	清	阊门内下塘街 9、10 号
16	荫庐（遂园）	市保	民国	景德路 297—311 号
17	春晖堂杨宅	市保	清	景德路 330 号、汤家巷 24—1/2 号
18	外五泾弄近代住宅	市保	民国	外五泾弄 6 号
19	桃坞小学旧址	市保	清、民国	石幢弄 34 号
20	过云楼	市保	清	新仁里、怡园里 12 号
21	铁瓶巷任宅	市保	清	新民里 16 号、仁德坊
22	承德里	市保	民国	承德里全部
23	蒲林巷近代住宅	市保	民国	人民路 1547 号
24	残粒园	市保	清	装驾桥巷 34 号
25	吴梅故居	市保	清	蒲林巷 35—1 号
26	墨园	市保	民国	人民路 2114 号
27	白塔西路温宅	市保	清	白塔西路 96 号
28	梵门桥弄吴宅	市保	明、清	梵门桥弄大众里
29	盛宣怀故居	市保	清	天库前 48 号
30	尤先甲故居	市保	清	刘家浜 39、41 号
31	嘉寿堂陆宅	市保	清	天官坊、肃封里、梵门桥弄 15 号
32	中国银行旧址	市保	清	德馨里 13、14 号
33	严家淦旧宅	市保	民国	德馨里 6 号
34	况公祠	市保	清	西美巷 31 号
35	东善长巷奚宅	市保	民国	东善长巷 11 号 4 幢

续表

序号	名称	保护级别	年代	地址
36	洪钧祖宅	市保	清	西支家巷8—13号
37	忠仁祠	市保	清	庙堂巷16号
38	叶楚伧故居	市保	民国	皇废基13号
39	兰石小筑	市保	民国	锦帆路4号
40	圆通寺	市保	清	阔家头巷7号
41	李根源故居	市保	民国	十全街111号(现279号)
42	柴园	市保	民国	醋库巷44号
43	同益里、同德里	市保	民国	五卅路同益里、同德里
44	叶天士故居	市保	清	渡僧桥下塘46—54号
45	李氏祇遹义庄	市保	清	山塘街815号
46	北张家巷雕花楼	市保	清	北张家巷互助里
47	东花桥巷汪宅	市保	清	东花桥巷中和里
48	鹤鸣堂康宅	市保	民国	郛长巷1号
49	许乃钊旧居	市保	清	东北街138—142号
50	汪氏诵芬义庄	市保	清	平江路254号
51	邓氏祠堂	市保	清	大柳枝巷18号
52	太原王氏义庄	市保	清	传芳巷2号
53	大柳枝巷杨宅	市保	清、民国	大柳枝巷27号
54	王氏惇裕义庄	市保	清	潘儒巷31号
55	蒋氏义庄	市保	清	胡厢使巷34、35号，孙家弄1—8号
56	日本领事馆旧址	市保	民国	南门路94号
57	蒋纬国故居	市保	民国	十全街249号
58	轩辕宫	市保	清	洪元弄9号
59	鹤园	市保	清	韩家巷4号
60	洪钧故居及庄祠	市保	清	悬桥巷29号
61	陶氏宅园	市保	民国	盛家浜8号
62	钱宅	市保	明、清	悬桥巷23号
63	悬桥巷方宅	市保	清、民国	悬桥巷47号
64	舒适旧居	市保	民国	盛家浜5号、庙堂巷36号
65	顾颉刚故居	市保	民国	顾家花园4号、4–2号

苏州市属直管公房中控制保护建筑名录

序号	名称	控保编号	年代	地址
1	费仲琛故居	002	清	桃花坞大街 176 号
2	谢家福故居	003	清	桃花坞大街 264 号
3	张宅	004	清	廖家巷 12、13、15 号
4	吴宅	005	清	桃花坞大街 120 号
5	瑞莲庵	006	清	星桥巷 13、14、16 号等
6	关帝庙	008	清	关帝庙弄 4 号
7	思绩堂潘宅	010	清	齐门路 84 号
8	佛慧庵	011	清	平家巷 15—17 号
9	灵迹司庙	014	清	东北街 128 号
10	邓宅	016	清	仓桥浜 33、34 号
11	福济观	020	清	阊门内下塘街 132 号
12	永丰仓船埠	021	明	阊门内下塘街 52、55—58 号
13	庄宅	022	清	西海岛 3 号
14	吴廷琛故居	024	清	白塔西路 86 号
15	洪宅	025	清	白塔西路 70、72 号
16	徐宅	027	清	皮市街 257号(原 221号)
17	蒋侯庙	028	清	蒋庙前 19、21、22 号
18	潘奕藻故居	029	清	蒋庙前 2—10 双号
19	吴宅	030	清	谢衙前 28、30、32 号
20	程宅	031	民国	皮市街 304 号(原 286号)
21	吴钟骏故居	032	清	潘儒巷 79、81 号
22	丰备义仓旧址	033	清	石家角 4 号
23	德裕堂张宅	034	明	狮林寺巷 71、75 号
24	华宅	036	清	东麒麟巷 17 号
25	谦益堂潘宅	037	清	刘家浜 24、26、28 号
26	申宅	039	清	刘家浜 38 号
27	潘宅	040	清	五爱巷 36 号
28	玉器公所	041	清	周王庙弄 28 号
29	织造局旧址	042	清	五爱巷 10 号
30	汪鸣銮故居	043	清	王洗马巷 26、28、30 号
31	诵芬堂雷宅	048	清	包衙前 20、22 号
32	金宅	050	清	西百花巷 18、26 号
33	许宅	051	清	高师巷 2、4 号
34	王宅	053	民国	新乐里 2—6 号

续表 1

序号	名称	控保编号	年代	地址
35	顾宅	056	清	马大箓巷 26 号
36	石宅	057	清	中街路 10、12 号
37	吴大澂故居	058	清	双林巷 18—26 双号
38	五路财神殿戏楼	059	清	范庄前 5 号
39	长洲县城隍庙	060	清	雍熙寺弄 8 号
40	程宅	061	清、民国	阊邱坊巷 46、50 号
41	杭宅	063	清	白塔西路 115—125 单号
42	陆宅	065	清	祥符寺巷 8 号
43	范烟桥故居	066	清	温家岸 17、18 号
44	潘遵祁故居	067	清	白塔西路 13 号
45	王氏怀新义庄	068	清	西花桥巷 24、25 号
46	吴氏垂裕义庄	069	清	史家巷 46、48—1 号
47	梓义公所	070	清	清洲观前 34 号
48	天宫寺	072	明、清	菉葭巷 11 号
49	陈宅	073	清	菉葭巷 48、50 号
50	潘宅	074	清	悬桥巷 55 号
51	丁氏济阳义庄	076	清	悬桥巷 41 号
52	德邻堂吴宅	077	清	大儒巷 8 号
53	查宅	078	清	悬桥巷 37 号
54	端善堂潘宅	079	清	大儒巷 46、50 号
55	韩崇故居	081	清	迎晓里 2—6 双号
56	郑宅	083	清	曹胡徐巷 35 号
57	宋宅	084	清	曹胡徐巷 76 号
58	怀德堂凌宅	085	清	东花桥巷 18 号
59	潘宅	087	清	白塔东路 125 号
60	朱宅	088	清	曹胡徐巷 53 号
61	周宅	089	清	曹胡徐巷 17—23 号
62	徐氏春晖义庄	090	清	南石子街 10 号
63	韩宅	092	清	南显子巷 5—8 号
64	清慎堂王宅	093	清	大柳枝巷 11—16 号
65	徐宅	095	清	大柳枝巷 9、10 号
66	笃佑堂袁宅	096	清	大新桥巷 28 号
67	庞宅	097	清	大新桥巷 21 号
68	郭绍虞故居	099	清	大新桥巷 20、12—1 号

续表 2

序号	名称	控保编号	年代	地址
69	唐纳故居	101	清	胡厢使巷 40 号
70	杨宅	102	清	混堂巷 8 号
71	吴宅	103	清	中张家巷 6 号、新建里 2—14 号
72	毛宅	110	清	慕家花园 28 号
73	顾家花园	111	清	申庄前 4 号
74	潘奕隽故居	115	清	马医科 36、38、40 号
75	张宅	117	清	绣线巷 13 号
76	庞莱臣故居	123	清	颜家巷 26 号
77	孝友堂张宅	127	清	干将路 144 号（现 622 号）
78	董氏义庄	128	清	钮家巷 34 号，建新巷 63、67 号
79	王宅	129	明、清	肖家巷 53 号
80	真觉庵	131	清	钮家巷 27 号
81	元和县城隍庙	132	清	肖家巷 48 号
82	艾步蟾故居	133	清	肖家巷 15 号
83	田宅	135	清	建新巷 3、5 号
84	沈宅	137	清	西支家巷 14 号
85	清微道院	138	清	东支家巷 19 号
86	曹沧洲祠	140	民国	辦莲巷 4 号
87	范氏宅园	144	清	庙堂巷 10 号
88	沈瓞民故居	145	民国	德寿坊 3 号
89	秦宅	147	清	大石头巷 23 号
90	丁宅	149	清	通关坊 7 号
91	马宅	150	清	人民路 148 号（现 1088 号）
92	张家瑞故居	153	民国	槐树巷 5 号
93	邓邦述故居	159	清	侍其巷 38 号
94	陈宅	160	清	金狮巷 26—28 号
95	李宅	161	清	金狮巷 16 号
96	秦宅	162	清	金狮巷 14 号
97	吴宅	163	清	泗井巷 32、34 号
98	太原王氏家祠	164	清	醋库巷 38 号
99	顾宅	165	清	滚绣坊 26-1 号
100	顾宅	167	清	盛家带 33 号
101	苏宅	168	清	盛家带 31 号

续表 3

序号	名称	控保编号	年代	地址
102	朱宅	169	清	盛家带 29 号
103	红豆山庄遗址	170	清	吴衙场 37—1 号
104	周宅	172	清	新桥巷 4、6 号
105	驸马府庙	173	清	东大街 43 号(现 396 号)
106	怀厚堂王宅	174	清	十全街怀厚里
107	慎思堂王宅	175	清	十全街 275 号(现 737 号)
108	汪氏义庄	183	清	山塘街 480 号
109	陶贞孝祠	184	清	山塘街 704、706 号
110	郁家祠堂	185	清	山塘街 502 号
111	观音阁	186	民国	山塘街 578 号
112	某宅	189	清	山塘街 454 号
113	岭南会馆头门	191	清	山塘街 138 号
114	山东会馆门墙	192	清	山塘街 554 号
115	天和药铺	193	清	山塘街 374 号
116	顾家花园	198	清	北浩弄 61、68 号
117	外安齐王庙	200	清	东汇路 68 号
118	李仲公故居	201	民国	宝城桥弄 22 号
119	方宅	205	民国	东北街 198 号
120	明远堂赵宅及会所	206	民国	久福里 1—4 号
121	崇安里曹宅	207	民国	崇安里 1—3 号
122	老大房旧址	208	民国	西中市 17 号
123	采芝斋、五福楼、陆稿荐旧址	209	民国	西中市 31、33 号
124	积善堂陆宅	210	民国	天库前 76 号
125	侯宅	213	民国	文衙弄 6 号
126	某宅	214	民国	大马堂 7 号
127	松茂里周宅	215	民国	石塔头 2 号
128	苏州孩子图书馆旧址	216	民国	石塔头 4 号
129	申宅	217	民国	西百花巷 31 号
130	泰仁里	218	清	高师巷 12—20 号
131	马宅	219	民国	祥符寺巷 53 号
132	朱宅	220	民国	银房弄 3 号
133	苏肇冰故居	225	民国	顾家花园 13 号

续表 4

序号	名称	控保编号	年代	地址
134	尤宅	228	民国	梵门桥弄 42 号
135	万宜坊谢宅	230	民国	万宜坊 1、3 号
136	某宅	236	民国	锦帆路 3 号
137	某宅	237	民国	体育场路 5 号
138	苏州市图书馆旧址	240	民国	公园路 2 号
139	朱子久故居	241	民国	望星桥南堍 6 号
140	吴晓邦故居	246	民国	腌猪河头 25 号
141	祥符寺巷汪伪特工部旧址		民国	祥符寺巷 24 号
142	孙岳颁故居		清	干将东路 726 号
143	肖家巷桑宅		清、民国	肖家巷 29、31 号，大儒巷 23、24 号
144	白塔西路邱宅		清、民国	白塔西路 45 号、西花桥巷 26 号
145	顾麟士旧居		清	醋库巷 40 号、西瓦爿弄 6 号
146	仓街 116 号花厅		清	仓街 116 号
147	古吴路朱宅		清	古吴路 14、14—1、16 号
148	西支家巷吴宅		清、民国	西支家巷 15 号
149	泗井巷林宅		清	泗井巷 34 号
150	沈惺叔宅		民国	卫道观前 27 号
151	宝寿堂顾宅		民国	小王家巷 8 号
152	公园路 25 号近代建筑		民国	公园路 1 号
153	殿基巷陈宅		清	殿基巷 1 号
154	景德路 451 号陈宅		清	景德路 451 号
155	宝林寺前 53—3 号周宅		清	宝林寺前 53—3 号
156	火神庙		清	天库前 16 号
157	范玉山、范雪君故居		清	牛角浜 21 号
158	乐村		民国	道前街乐村
159	侍其巷张宅		民国	侍其巷 47 号
160	市立医院本部民国建筑		民国	道前街市立医院本部
161	九如巷王宅		民国	九如巷 4 号
162	十梓街 29—4 号建筑		民国	十梓街 29—4 号
163	泗井巷任宅		民国	泗井巷 31 号

续表 5

序号	名称	控保编号	年代	地址
164	小曹家巷 2、3 号民国建筑		民国	小曹家巷 2、3 号
165	闾邱坊巷张宅		民国	闾邱坊巷 11、13、15、17 号
166	大王家巷唐宅		民国	大王家巷 5 号
167	敦仁里		民国	包衙前敦仁里
168	阊村坊巷戚宅		民国	阊村坊巷 29 号
169	同乐里		民国	高师巷同乐里

图书在版编目（CIP）数据

满庭芳菲燕归来：姑苏老宅重现实录 / 苏州市住房和城乡建设局编. — 上海：文汇出版社，2021.1
ISBN 978-7-5496-3276-3

Ⅰ.①满… Ⅱ.①苏… Ⅲ.①民居—古建筑—介绍—苏州 Ⅳ.①K928.71

中国版本图书馆CIP数据核字（2021）第024385号

满庭芳菲燕归来： 姑苏老宅重现实录

编　　者 / 苏州市住房和城乡建设局
责任编辑 / 吴　斐
装帧设计 / 李树声

出版发行 / 文匯出版社
上海市威海路755号
（邮政编码200041）
印刷装订 / 无锡市海得印务有限公司
版　　次 / 2021年1月第1版
印　　次 / 2021年1月第1次印刷
开　　本 / 787×1092　1/16
字　　数 / 61千
印　　张 / 21

ISBN 978-7-5496-3276-3
定　　价 / 98.00元